Heinz-Lothar Worm

Klara und Katharina

Heinz-Lothar Worm

Klara und Katharina

Schulzes Anna und ihre Töchter

BRUNNEN
VERLAG GIESSEN · BASEL

ABCteam-Bücher erscheinen in folgenden Verlagen:
Aussaat Verlag Neukirchen-Vluyn
R. Brockhaus Verlag Wuppertal und Zürich
Brunnen Verlag Gießen und Basel
Christliches Verlagshaus Stuttgart
Oncken Verlag Wuppertal und Kassel

2. Auflage 1997

Umschlaggestaltung: Ralf Simon
Umschlagfoto aus: Georg Eurich,
»Photographien aus dem Dorfleben
der 50er Jahre«
Satz: Rücker & Schmidt, Langgöns
Herstellung: Ebner Ulm
ISBN 3-7655-1606-6

Tante Rickchens Brief

Das Mittagessen ist vorüber. Trotz der Sommerhitze mußte im Herd ein kräftiges Feuer entfacht werden, um die Kartoffeln zu kochen. Im Sommer gibt es häufig Pellkartoffeln und Quark dazu. Das ist eine Mahlzeit, die irgendwie kühl erscheint.

»Mutter hat gesagt, wir sollen nachher noch Vaters Hemden bügeln«, meint Katharina zu Klara.

»Dann bügeln wir die Hemden der Jungen gleich mit«, schlägt Klara vor.

Katharina holt die beiden Bügeleisen aus der benachbarten Vorratskammer. Klara legt noch einmal Holz auf das Feuer, während Katharina die beiden Bügeleisen auf die Herdplatte stellt. Es sind tatsächlich flache, vorn angespitzte Eisenstücke mit einem glatten Boden, die oben einen Bügel zum Anfassen haben.

Katharina ist die uneheliche Tochter der Schulzin, Klara hingegen ist eine Tochter des Schulzen aus erster Ehe. Beide nun gut vierzehnjährigen Mädchen sind seit der Heirat ihrer Eltern nicht nur Ziehschwestern, sie sind auch unzertrennliche Freundinnen geworden. Wie froh war Katharina, daß Klara eine ihr angebotene Stelle als Magd nicht antreten durfte – die Mutter hatte es der Stieftochter streng untersagt, nachdem sie festgestellt hatte, daß die Mägdekammer dort keinen Riegel besaß.

»Die Jungen werden größer, Vater hat nebenher viel Arbeit als Schulze, und unsere gute Lisa ist auch nicht mehr da – es gibt daheim Arbeit genug für euch beide«, hatte Mutter Anna gesagt und sich um eine andere Stelle für Klara gar nicht bemüht. Katharina sollte sowieso noch zu Hause bleiben, bis die jüngeren Geschwister alt genug waren, um der Mutter bei der Arbeit in Haus, Garten und Feld zu helfen.

Die Bügeleisen sind nun heiß. Katharina hat zuerst eine Wolldecke, dann ein weißes Tuch über den Küchentisch gebreitet. Darauf legt sie ein Hemd des Vaters.

»Zuerst den Kragen«, sagt Klara mehr zu sich selbst als zu Katharina, die das natürlich weiß. Bevor sie aber den schmalen Stehkragen mit dem heißen Bügeleisen in Berührung bringt, muß erst die »Feuerprobe« gemacht werden. Wenn das Eisen nämlich zu heiß ist, sengt es das Gewebe an und verursacht häßliche braune Flecken. Klara bügelt probeweise ein Stück Papier. Aha, es verfärbt sich dunkel unter dem Eisen, außerdem riecht es angesengt. Das Eisen ist noch zu heiß.

Nach einigen Minuten verfärbt sich das Papier nicht mehr. Klara träufelt etwas aufgelöste Reisstärke auf den Hemdkragen. Katharina taucht ein dünnes, weißes Baumwolltuch in Wasser, wringt es aus und reicht es Klara. Eine Ecke des feuchten Tuches wird auf den Kragen gelegt, da, wo er flach auf der Bügeldecke aufliegt. Es zischt, als Klara das Bügeleisen auf das Tuch stellt. Nach einem kurzen Augenblick hebt Klara das Eisen hoch und entfernt das Tuch. An dieser Stelle ist der Kragen glatt und steif. Nun wird die Stelle ohne feuchtes Tuch überbügelt.

Stück für Stück bekommt Klara so den Hemdkragen glatt. Dann bügelt sie die Ärmel, Passe, Knopfleiste, die Vorderteile und zuletzt das Rückenteil. Manschetten hat Vaters Hemd nicht, er streift zum Gottesdienstbesuch und an hohen Festtagen Papiermanschetten über die Handgelenke. Immer wieder müssen die Bügeleisen gewechselt werden, denn sie kühlen rasch ab. Eins steht daher immer auf dem Herd, um wieder heiß zu werden.

Die Mädchen sind gerade mit dem zweiten Hemd beschäftigt, als Daniel zur Tür hereinkommt.

»Schaut mal, was ich hier habe«, ruft er, »einen Brief von Tante Rickchen aus Altenvörde.« Katharina und Klara vergessen sofort das Bügeln.

»Zeig her«, ruft Katharina und nimmt dem jüngeren Bruder den Brief ab. »Er hat recht. Es ist ein Brief von Tante Rickchen. Ob Karl wohl einen Brief für uns beigelegt hat?«

Die Mädchen legen den Brief auf den Schrank. Sie können ihre Neugierde kaum zügeln. Tante Rickchen hatte sicherlich manches mitzuteilen, aber Karls Brief an die Mädchen war bestimmt viel lustiger. Karl, der ältere Sohn von Tante Rickchen, war schon zweiundzwanzig. Im letzten Sommer hatte er ihnen einige Wochen bei der Ernte geholfen. Karl konnte auf der Mandoline spielen, dazu schöne Lieder singen – und sogar auf einem Kamm blasen. Er wußte viele lustige Geschichten zu erzählen, konnte auf den Händen laufen ... Kurz und gut: wo Karl war, gab es etwas zu lachen.

Obwohl er schon über der Stirn keine Haare mehr hatte, hielt Katharina ihn für den schönsten jungen Mann weit und breit. Karl war gerade gewachsen, er hatte kluge grau-grüne Augen und ein kräftiges, männlich wirkendes Kinn. Die scheue, etwas gehemmte Katharina schwärmte für ihn mit der ganzen Glut ihres Mädchenherzens. Der fröhliche Karl verkörperte genau das, was sie selbst nicht hatte oder nicht zeigen konnte: Heiterkeit und Lebensfreude.

Katharina war sich darüber im klaren, daß sie Karl heiraten würde – Karl oder gar keinen. Und sie glaubte, Anzeichen bemerkt zu haben, daß auch er sie mochte. Klara war seine echte Kusine, für die hatte er jederzeit verwandtschaftliche Neckereien übrig. Sie, Katharina jedoch, war mit ihm nicht blutsverwandt. Sie hatte ein Stück weit die Schönheit ihrer Mutter geerbt, wenn auch ihre Haare dunkler waren und ihre Augen nicht so leuchtend blau. Dennoch konnte sie als hübsches Mädchen bezeichnet werden.

Klara geht die Mutter suchen. Sie findet sie im Küchengarten hinter dem Haus beim Unkrautjäten.

»Mutter, Daniel hat einen Brief von Tante Rickchen gebracht. Kommst du zum Lesen?«

»Gleich, Kind! Laß mich erst noch dieses Beet durchhacken. Dann will ich den Brief öffnen.«

Klara läuft zurück in die Küche. »Mutter kommt gleich«, ruft sie Katharina zu. »Komm, laß uns weiter bügeln!« Es dauert den Mädchen viel zu lange, bis die Mutter in die Küche kommt. Sie lauschen andächtig, als diese ihnen den Brief vorliest:

»Lieber Bruder, liebe Schwägerin und Kinder! Schon längere Zeit habe ich nichts von uns hören lassen, aber das hat seinen besonderen Grund. Zunächst einmal: wir sind gesundheitlich alle wohlauf, was wir auch von Euch hoffen. Karl hat in Hagen eine Stelle als Straßenbahnschaffner bekommen. Er verdient gut und kann nun so langsam daran denken, sich zu verehelichen. Friedhelm mußte zum Militär einrücken. Er schreibt, daß er sich jetzt schon darauf freut, wenn die Dienstzeit vorüber ist.

Aber nun kommt unsere große Neuigkeit. Auch hier soll eine Talsperre gebaut werden, so wie sie bei Euch ja auch geplant ist. Die Arbeiter, die dazu gebraucht werden, müssen irgendwo wohnen und verköstigt werden. Wir haben uns daher entschlossen, die eine Hälfte unseres Hauses in eine Pension umzuwandeln. Auch die Dachstuben wollen wir bewohnbar machen. Dann können fünfzehn Arbeiter bei uns wohnen. Morgens erhalten sie ein Frühstück, dann bekommen sie Vesperbrote für den Tag – und abends ein warmes Essen. In der Woche müssen wir auch für sie waschen.

Ich alleine kann das nicht schaffen. Deswegen frage ich bei Euch an, ob Ihr mir nicht Klara schicken könntet. Sie ist doch jetzt aus der Schule entlassen und könnte mir eine gute Stütze sein. Selbstverständlich werde ich sie wie jede andere auch bezahlen und für sie sorgen. Gebt mir bitte Nachricht, ob ich mit Klara rechnen kann.

Es grüßt Euch in Liebe Eure Schwester, Schwägerin und Tante Friederike.«

Mutter schweigt eine Weile. Auch Klara und Katharina sind erst einmal ganz still. Schließlich fragt die Mutter: »Würdest du denn bei Tante Rickchen in Altenvörde arbeiten wollen, Klara?«

»Eigentlich ist die Tante doch ganz nett«, antwortet Klara. »Und wenn sie jetzt Hilfe braucht ... Warum sollte ich nicht bei ihr arbeiten?«

»Ich würde das sofort tun«, meint Katharina.

»Wir wollen erst mit Vater darüber reden«, schlägt Mutter vor.

»Ist ... ist auch ein Brief von Karl dabei?« fragt Katharina.

Mutter schaut in den Umschlag. »Ja, hier ist noch ein zusammengefalteter Zettel. ›An Katharina und Klara‹ steht darauf.« Mutter händigt den Zettel an die Mädchen aus, die sofort die Köpfe darüber beugen.

»Darf man erfahren, was euer Herr Vetter schreibt?« fragt Mutter.

»Meine lieben Bäschen«, liest Klara vor, und Katharina fährt fort: »Seit drei Wochen bin ich jetzt in Hagen Straßenbahnschaffner. Ihr glaubt ja nicht, was das für eine lustige Sache ist. Den ganzen Tag fahre ich durch die Stadt und sehe alles, was sich verändert. Und die Leute erst, mit denen ich zu tun habe. Das muß ich Euch genauer schreiben.

Neulich stieg eine Frau mit einem etwa vierzehnjährigen Jungen in die Straßenbahn ein. Ich ging zu ihr, um den Fahrpreis zu kassieren. Sie sagte: ›Einmal für Erwachsene, einmal für ein Kind.‹ Ich meinte: ›Der Junge ist aber kein Kind mehr.

Schauen Sie, er hat ja schon lange Hosen an.‹ Daraufhin entgegnete die Frau schlagfertig: ›Wenn die Fahrpreise sich nach den Hosen richten, dann fahre ich aber umsonst!‹ Was soll man da noch sagen?

Leider kann ich nun nicht mehr zu Euch kommen, um bei Euch Ferien zu machen oder in der Ernte zu helfen. Dazu reichen meine wenigen Urlaubstage nicht aus. Aber vielleicht kommt Klara ja bald zu uns nach Altenvörde, und Katharina kann sie besuchen. Bis dahin grüßt Euch, liebe Bäschen, ganz herzlich
Euer Karl.

P. S. Grüßt bitte Eure Eltern und die Jungen von mir.«

Katharina schaut Klara an. »Das wäre schön, wenn du zu Tante Rickchen gingst.«

Gegen Abend kommt der Schulze nach Hause. Er liest den Brief seiner Schwester und runzelt die Stirn. »Du weißt, Klara, daß Tante Rickchen streng ist. Manchmal konnte sie richtig hart sein. Und seit ihr Mann tot ist, hat sich das bestimmt nicht gebessert. Willst du trotzdem zu ihr?«

Klara zuckt die Schultern.

»Aber Johannes«, wendet die Mutter ein, »zur eigenen Nichte wird sie doch nicht so hart sein!?«

»Du kennst sie doch, Anna«, entgegnet der Schulze. Aber schließlich meint er: »Nun ja, wenn unsere Klara will, dann mag sie nach Altenvörde fahren. Es kann ihr nichts schaden, wenn sie einmal von zu Hause fortkommt.«

Am Bahnhof

Die Eisenbahnlinie, die den Kurort Nieder-Wildungen, der heute Bad Wildungen heißt, mit den großen Städten im Ruhrgebiet verbindet, führt ganz in der Nähe vorbei. Da der Schulze sowieso in Sachsenhausen zu tun hat, kann er Klara im Pferdefuhrwerk mitnehmen und zur dortigen Bahnstation bringen.

Das Städtchen Sachsenhausen im Waldecker Land ist landschaftlich nicht besonders reizvoll. Eine Besonderheit in der Umgebung ist jedoch die »Klinger Kirche«, eine auf freiem Feld stehende Kirchenruine. Sie wurde nach einem Dorf namens Klinge benannt, das einmal dort gelegen haben soll. Diese Ruine vor der Stadt erinnert die Menschen eindrucksvoll an die Vergänglichkeit all ihres Tuns.

Viel zu früh fährt der Schulze am Bahnhof vor. »Der Zug kommt erst in einer Stunde«, meint er. »Ich lasse die Pferde hier stehen und gehe in die Schreinerei gegenüber.«

Er dreht die Bremsbacken des Wagens fest, bindet die Zügel an und hängt jedem Pferd einen Futtersack um. Nun können die Tiere sich mit Hafer stärken.

Katharina und der kleine Christian sind als Begleitung mitgekommen. Neugierig sehen sie sich auf dem Bahnhofsplatz um. Nach kurzer Zeit verläßt ein junger Mann mit einem gefüllten Wassereimer die Schreinerei und kommt auf das Gefährt und die Wartenden zu. »Guten Tag«, sagt er. »Der Schulze schickt mich. Ich soll eure Pferde tränken.«

Der junge Mann gibt den Mädchen die Hand. »Ich heiße Christian.«

Erstaunt blicken alle auf. »Christian, so heiße ich auch«, ruft der kleine Bruder.

Klara blickt dem jungen Mann ins Gesicht und stellt fest, daß er hübsch aussieht. Ein schmales Oberlippenbärtchen ziert sein Gesicht, seine Haare sind blond und gewellt, die

Augen stahlblau. »Der könnte mir gefallen«, denkt Klara. Als er neben ihr steht, bemerkt sie, daß er einen halben Kopf kleiner ist als sie selbst. »Mir gefällt er trotzdem«, denkt Klara.

Katharina unterhält sich mit dem jungen Mann. Er sei ein Sohn des Schreinermeisters, erzählt er, und helfe seinem Vater in der Werkstatt, in der fast ausschließlich Särge hergestellt würden. Oft müsse er zusammen mit dem älteren Bruder auf die Dörfer fahren und Särge dorthin liefern, wo jemand gestorben sei. Meistens müßten sie dann auch mithelfen, die Verstorbenen in die Särge zu legen. Das sei keine schöne Aufgabe, vor allem dann, wenn Kinder gestorben seien.

Klara lauscht seinen Worten. Die bedächtige Art, mit der er spricht, gefällt ihr, aber auch die Art, wie er sich bewegt, sein ganzes Auftreten. Sie schaut ihn an, bis Katharina ihr einen Rippenstoß gibt. »Du mußt doch nicht trauern, Klara. Du fährst doch in die weite Welt hinaus.«

Klara hatte gar nicht getrauert, sie hatte nur den hübschen Burschen angeschaut. Nun reißt sie sich zusammen. »Auf welchem Gleis fährt der Zug in Richtung Korbach ab?« fragt sie.

»Drüben auf dem zweiten«, antwortet Christian.

»Dann können wir meine beiden Koffer schon rüberbringen«, schlägt Klara vor.

»Darf ich helfen?« Ohne eine Antwort abzuwarten, steigt Christian auf den Pferdewagen, schiebt einen Koffer an den Rand, hebt ihn über das seitliche Brett und schleppt ihn zum Bahnsteig. Die Mädchen protestieren, aber Christian holt auch noch den nächsten Koffer vom Wagen und stellt ihn am Bahnsteig ab.

»Das tue ich doch gern«, wehrt er ab, als Klara sich herzlich bei ihm bedankt. Sie hat lediglich ihre Hutschachtel tragen müssen.

Christian bleibt bei ihnen stehen, bis der Zug abfährt. Zusammen mit dem Schulzen, Katharina und dem kleinen Namensvetter winkt er der davonreisenden Klara nach. Er ist froh, daß er ihren Namen in Erfahrung gebracht hat. Und daß sie die Tochter des Schulzen eines nahegelegenen Ortes ist, weiß er nun auch.

August

Christians Vater August ist über vierzig Jahre älter als sein Sohn. Er galt schon in seiner Schulzeit als angeberisch. Kleiner Leute Kind hatte er sich, ehrgeizig wie er war, zum Schreinermeister hochgearbeitet und in Sachsenhausen eine Sargschreinerei eröffnet. Seine Ehefrau Luise, Tochter eines Ackerbürgers, übertraf ihn noch an Ehrgeiz. Die beiden hatten vier Kinder: Elise, Wilhelm, Georg und Ludwig.

Die Ehefrau nun konnte es nicht leiden, daß ihr Mann gelegentlich ins Wirtshaus ging; in ihren Augen war das reine Geldverschwendung. Eines Abends war er wieder ausgegangen, obwohl sie schon beim Weggehen gewettert hatte. Als er an die Haustür pochte, hatte die Kirchenglocke gerade Mitternacht geschlagen. Luise ließ ihn klopfen. Schließlich steckte sie das mit einem weißen Schlafhäubchen gezierte Haupt aus dem Fenster im ersten Stock des Hauses. »Du kannst sehen, wo du heute Nacht bleibst!« rief sie zornig herunter. »Wer nicht zur rechten Zeit heimkommt, der findet die Tür verschlossen.«

Luises Kopf verschwand, das Fenster flog zu.

»Luise«, bettelte August, »laß mich doch 'rein! Wenn du mir nicht öffnest, dann ... dann springe ich in den Brunnen!«

Das Fenster flog wieder auf. »Na, dann spring doch, du Herumtreiber! Dann bin ich dich wenigstens los.« Wumm – das Fenster knallte wieder zu.

Darauf hatte August gewartet. Er holte den Eimer aus dem vor dem Haus gelegenen Ziehbrunnen und schleppte auch noch einen großen Stein herbei. Listig legte er seinen Hut auf den Brunnenrand. Dann warf er den Stein mit aller Kraft in den Brunnen und huschte hinter die Hausecke.

Luise hörte das laute Platschen und riß das Fenster wieder auf. Auf dem Brunnenrand erblickte sie ihres Eheherrn Kopfbedeckung. »August!« schrie sie entsetzt. »August! August!«

Nichts rührte sich. Grenzenloses Entsetzen stieg in ihr auf. Blitzschnell war Luise auf dem Hof. Im Nachthemd, mit dem Häubchen auf dem Kopf, eilte sie zum Brunnen. »Hilfe! Ihr Leute, Hilfe!« gellten ihre Schreie durch die mitternächtliche Stille. »Hilfe! Ein schreckliches Unglück! Hilfe!«

Hier und da öffneten sich Fenster, und verschlafene Gesichter blickten nach draußen. »Was ist denn, Luise?«

»Kommt schnell, der August hat sich in den Brunnen gestürzt! Hilfe! Hilfe! Rettet meinen Mann!«

Das Geschrei der aufgeregten Frau brachte die Nachbarn in Bewegung. Einer kam mit einem Seil, ein anderer brachte eine lange Leiter herbei. Sie leuchteten in den Brunnenschacht, aber da war nichts als eine friedliche Wasseroberfläche zu sehen.

»August! August! Ach, er ist schon ganz und gar untergegangen«, jammerte Luise.

Was in der Aufregung niemand bemerkt hatte: August war ins Haus gehuscht, hatte die offenstehende Haustür hinter sich verschlossen und war ins Schlafzimmer hinaufgestiegen. Dort öffnete er das Fenster und schaute von oben belustigt auf das Treiben am Brunnen hinunter: Die Männer der Nachbarschaft steckten die Leiter in den Brunnenschacht, einer stieg hinab, ein anderer leuchtete ihm.

»Hier unten ist der August nicht«, rief der Nachbar aus dem Brunnenloch herauf.

»Da unten ist er nicht?« Luise blickte verstört in die Runde. Fast gleichzeitig mit einer Nachbarin, die ihr den Ellbogen in die Rippen stieß und auf das Fenster im ersten Stock deutete, sah sie ihren lachenden Ehemann.

»August, wie kommst du …«

»Ja, wie komme ich …«

»August! Mein lieber Mann! Du bist ja nicht im Brunnen!«

»Nein, ich bin nicht im Brunnen. Ich bin im Haus. Und du bist jetzt draußen.«

Die Nachbarn staunten, schimpften oder lachten. »August, was machst du für Sachen!«

»Ich mache keine Sachen! Meine Frau macht Sachen! Sie läßt mich nicht in mein eigenes Haus.«

Luise senkte den Kopf. »Ach August! So habe ich das doch nicht gemeint. Ich bin ja so froh, daß du nicht im Brunnen liegst.« Sie eilte zur Haustür, drückte die Klinke – verschlossen! »August, du hast ja die Tür verriegelt.«

»Ja, das habe ich. Du sollst doch auch einmal erfahren, wie das ist, wenn man nachts vor seinem Haus steht und nicht hinein kann!«

Die Nachbarn zogen sich zurück. »Da mußt du selber zusehen, Luise«, sagten sie.

Luise bettelte noch eine Weile, dann ließ August sich erweichen. »Nicht, daß du am Ende in den Brunnen springst …«, lachte er, als er den Riegel an der Haustür zurückstieß.

Luise starb an einem hitzigen Fieber, als August eben vierzig Jahre alt geworden war. Ein Geschäftshaushalt mit vier halbwüchsigen Kindern ohne Frau – das war undenkbar!

»August, mach dir keine Sorgen!« trösteten ihn die Freunde im Wirtshaus. »Du weißt doch: ›Weibersterben – kein Verderben; Viehverrecken – großer Schrecken!‹ Bei deinem gutgehenden Geschäft kriegst du jederzeit eine Frau. Die ledigen Weiber werden sich die Finger nach dir lecken.«

August merkte das bald, aber er hatte seine eigenen Vorstellungen. Hatte ihn seine erste Frau immer wieder zu beherrschen versucht und ihn auch beherrschen dürfen – sie war immerhin die Tochter achtbarer Bürger gewesen, während er von einem Tagelöhner und Gelegenheitsarbeiter abstammte –, so wollte er das in seiner zweiten Ehe ausschließen. In Zukunft würde er Herr im Hause sein.

August war kein besonders attraktiver Freier. Im Alter von vierzig Jahren hatte er schon den größten Teil seiner mittelblonden Haare verloren. Er mußte einen kleinen Kneifer tragen, um besser sehen zu können. Seine Züge waren nicht gerade häßlich, aber man hätte sie auch nicht schön oder interessant nennen können. Alles in allem: ein geschäftlich erfolgreicher, aber sonst mit keinerlei Vorzügen ausgestatteter Mann. Einige tüchtige Mägde in seinem Alter waren besonders freundlich zu ihm und den Kindern. Aber diese erschienen ihm allesamt zu alt.

Auf seinen Reisen zum Holzeinkauf für die Schreinerei kam August oft in das Waldeckische Upland, ein waldreiches Gebiet, das seine Bewohner der kargen Böden wegen mehr schlecht als recht ernährte. Im Wald bei Sudeck lernte er einen Waldarbeiter kennen, der eine schöne Tochter hatte. Das Mädchen war manchmal gekommen, um dem Vater mittags eine warme Mahlzeit zu bringen. Es war still, zierlich, mit einem kleinen, fast kindlich zu nennenden Gesicht.

Er erkundigte sich bei dem Waldarbeiter nach der Tochter und erfuhr, daß sie Johannette hieß und eigentlich seine Stieftochter sei. Johannette stamme aus der ersten Ehe seiner Frau, sie könne arbeiten, sei still und gehorsam.

Das hörte August gern. Johannette ging ihm nicht mehr aus dem Kopf. Beim nächsten Besuch im Upland setzte er sich in den Dorfkrug und ließ Johannettes Stiefvater zu sich rufen. Er spendierte dem Mann einen Schoppen Bier. Ohne viel Umschweife tat er dem erstaunt aufblickenden Waldarbeiter seine Absicht kund, Johannette zu seiner zweiten Ehefrau zu machen. Er hätte, wie ihm ja bekannt sei, eine gutgehende

Schreinerei und vier Kinder. Elise, seine älteste Tochter, sei nun vierzehn Jahre alt. Sie könne den Haushalt noch nicht richtig führen, deswegen müsse möglichst bald eine Frau ins Haus. Sobald das Trauerjahr herum sei, wolle er sich wieder verehelichen. Johannette gefalle ihm, wie alt sie denn dann wohl sei?

In einem halben Jahr werde sie neunzehn.

Nun, dann sei ja gegen eine Verheiratung nichts einzuwenden, das nötige Alter habe das Mädchen doch erreicht. »Von meiner Seite aus geht die Sache klar«, erklärte August dem Waldarbeiter. »Beredet euch daheim und laßt mich rufen! Dann kann der Verspruch stattfinden.«

August schien mit einer Ablehnung seiner Werbung nicht zu rechnen.

»Ich gebe Euch Bescheid«, sagte der Waldarbeiter zu dem fast gleichaltrigen Freier der Stieftochter. Hastig schlürfte er sein Bier aus und machte sich eilig auf den Heimweg. Daß die Johannette, die ungeliebte Tochter eines anderen Mannes, eine solche Partie machen würde! Unglaublich! Schade, daß seine eigene Tochter erst fünfzehn Jahre alt war. Der Karline hätte er einen solch reichen Ehemann viel lieber gegönnt. Aber mit fünfzehn – da war sie einfach zu jung.

Daheim erzählte er seiner Frau von der Werbung des Schreinermeisters. Frau Helene war hellauf begeistert. »Welch ein Glück! Welch ein Glück! Was unsere Nette für eine Partie machen wird! Nein, so etwas! Wie wird sie sich freuen!«

Aber Johannette freute sich nicht. Im Gegenteil! Sie wehrte sich mit Händen und Füßen. Sie wollte keinen Witwer mit so großen Kindern heiraten. Ihre älteste Stieftochter wäre ja nur wenige Jahre jünger als sie. Wie sollte sie denn so großen Kindern eine rechte Mutter sein?

Als die Mutter und der Stiefvater immer eindringlicher und dann immer zorniger auf sie einredeten, lief sie aus dem Haus.

»Laß sie laufen«, sagte Helene zu ihrem Mann. »Sie muß

sich an den Gedanken gewöhnen. Die kommt schon zurück.«

Johannette kam auch zurück. Zuvor hatte sie aber die Schneise im Wald aufgesucht, wo die jungen Waldarbeiter beschäftigt waren. Sie lief zu Heinrich, einem Burschen, den sie gerne hatte und der sie mochte.

»Heinrich!« Sie faßte seine Hand. »Ich soll einen reichen Witwer heiraten. Ich soll fort.«

Heinrich sah ihr ins Gesicht. »Ich wußte, daß so etwas einmal kommen würde, Nettchen«, sagte er. »Ich bin arm. Ob ich überhaupt jemals Geld genug verdienen werde, um heiraten zu können, das weiß ich nicht.«

»Ach Heinrich, irgendwie ...«

»Ich habe nichts, und du hast auch nichts. Du weißt, daß die Liebe schnell verschwindet, wenn der Kochtopf leer ist.«

Plötzlich traten dem jungen Mann Tränen in die Augen. »Es war ein schöner Traum, Nettchen. Aber ich kann dir nur raten: Heirate den reichen Witwer! Dann bist du versorgt. Ich werde sowieso mein Leben lang ein Hungerleider sein. Und als meine Frau hättest du keine guten Jahre.«

»Daß du das so einfach sagen kannst, Heinrich! Hast du mich denn überhaupt nicht lieb?«

»Gerade weil ich dich liebhabe, Nettchen, deswegen rate ich dir: Heirate den Witwer!«

»Du weißt ja gar nicht, wer das ist. Der Sargschreiner aus Sachsenhausen!«

»Trotzdem, Nettchen, nimm ihn zum Mann. Dann kannst du dich unter die reichen Frauen rechnen.«

Am darauffolgenden Sonntag fuhr ein Pferdefuhrwerk vor dem ärmlichen Häuschen vor, in dem Johannette wohnte. Sie selbst hatte keine Ahnung gehabt, daß August zu Besuch kommen würde, und erschrak gewaltig, als sie ihn vom Bock des Fuhrwerks herabsteigen sah.

»Nette!« rief die Mutter aufgeregt, »komm, er ist da! Vater hat ihn eingeladen, heute bei uns zu Gast zu sein. Binde dir schnell eine reine Schürze um!«

Johannette tat, wie geheißen. Mit unbewegtem Gesicht musterte sie den Mann, dessen Ehefrau sie werden sollte. Er war hochgewachsen, hatte eine Halbglatze; sein Haar war wohl früher weizenblond gewesen. Auffällig waren seine langen, gelblichen Zähne. Äußerlich war an diesem Mann nichts Schönes zu entdecken. Den also sollte sie heiraten. Das hatte ihr sogar der Heinrich geraten. Und der kannte ihn ja, er hatte im Wald öfter mit ihm zu tun gehabt.

Vater führte den Schreiner in die gute Stube, wo die Mutter ihm sofort auftrug. Es wurde eine lange Zeit geredet. Dann rief man Johannette herbei. Sie betrat die Stube und merkte, wie die Schamröte ihr Gesicht überzog. August musterte sie nicht unfreundlich, aber sachlich.

»Wie wenn er einen Eichenstamm ansieht, bevor er ihn kauft, genau so betrachtet er mich jetzt«, dachte Johannette. Das Herz hämmerte ihr plötzlich in der Brust. Dieser Fremde da sollte ihr Mann werden. Sie sollte ihm den Haushalt führen, für ihn kochen, waschen, seine Kinder versorgen und ... ja, und auch das Bett mit ihm teilen und ihm weitere Kinder gebären.

Der Fremde richtete das Wort an sie. Johannette nahm nichts von dem wahr, was er sagte. Sie sollte ihn bedienen, sagte die Mutter. Und da bediente sie ihn. Und als er ihre Hand ergriff, zuckte Johannettes Hand nur ein ganz klein wenig.

Es wurde vereinbart, daß Johannette zusammen mit den Eltern August am übernächsten Sonntag in Sachsenhausen besuchen sollte. August würde sie alle drei mit dem Fuhrwerk abholen, dann sollten sie einmal seine Schreinerei sehen. Er nannte auch einige Äcker sein eigen, konnte eine Milchkuh halten. Johannette würde Augen machen, wie reich er wäre.

Und seine vier Kinder sollte sie kennenlernen, die doch schon so ungeduldig warteten und ihre neue Mutter sehen wollten. Ja, sie würde Augen machen, wie wohlhabend er wäre. Er könnte es sich leisten, ein Mädchen zu heiraten, das nichts in die Ehe mitbrächte, denn schließlich hätte er genug.

Zwei Wochen später war Johannette in der Schreinerei. Elise, ihre vierzehnjährige Stieftochter gefiel ihr auf Anhieb. Beide schlossen sofort Freundschaft. Und die drei Söhne drängten sich an sie, nachdem sie ihr selbstgesuchte Blümchen geschenkt und ihr versprochen hatten, nur brav zu sein und der neuen Mutter immer zu folgen und ihr niemals Ärger zu bereiten.

Die Kinder, deren Mutter sie werden sollte, gefielen ihr. Aber der Vater ... Johannette mochte ihn nicht. Und doch wußte sie: Das war völlig unerheblich. Sie hatte mit den Eltern lange geredet, sich geweigert, geweint, gebettelt. Da hatte die Mutter sie daran erinnert, daß es in der Bibel stünde, daß die Kinder ihren Eltern gehorsam sein müßten, und daß es ihre Pflicht sei, ihre Eltern zu ehren. Und ihre Eltern ehren könne sie am ehesten dadurch, daß sie den Mann heirate, den die Eltern in ihrer Liebe und Fürsorge für sie ausgesucht hätten.

Am Abend wollte August seine angehende Frau und deren Eltern wieder nach Hause fahren. Zuvor sollte aber noch der Verspruch stattfinden. Dazu wurden die Kinder in die Stube gerufen; die Eltern erhoben sich. August nahm Johannettes Hand, drückte sie ein wenig und sagte: »Auf Treu und Glauben!« Johannettes Hand war kalt. Sie sah August ins Gesicht und sagte: »Auf Treu und Glauben!« Und dabei dachte sie: »Heinrich! Ach, Heinrich!«

Nun war sie mit dem ungeliebten Mann verlobt.

Die Hochzeit erfolgte nach Ablauf des Trauerjahres. Johannette hatte in der Schreinerei als Hausfrau Einzug gehalten, sie, die kaum älter war als die älteste Tochter ihres Mannes. Sie erfüllte ihre Aufgaben, versorgte die Kinder, kochte, wusch und leistete ihrem Mann die eheliche Pflicht. Liebe für ihn empfinden konnte sie nicht. Liebe war auch das letzte, was er von ihr verlangte. Sie hatte, das wußte sie bald, zu funktionieren. Liebe gehörte nicht unbedingt dazu. Die forderte er nicht, er gab sie ihr aber auch nicht.

August hatte sich vorgenommen, streng zu sein. Johannette sollte ihn fürchten, er wollte nicht wieder so beherrscht werden wie von der ersten Frau. Deswegen hatte er den Rat eines Alten befolgt und seine Frau gleich zu Beginn der Ehe verprügelt. Elise hatte dem Vater in den Arm fallen wollen, war dabei aber gleich mit geschlagen worden.

Johannette dürstete nach Liebe, nach Achtung und Anerkennung. Nach außen hin war sie die hübsche junge Frau eines wohlhabenden Handwerksmeisters, innerlich war sie jedoch so arm wie je. Im Hause des Stiefvaters war ihr keine Liebe zuteil geworden, im Hause ihres Mannes ging es ihr nicht besser. Bis auf die Anhänglichkeit der drei Söhne und die Freundschaft der Tochter, mit der sie bei Abwesenheit des Ehemannes manchmal ausgelassen herumtollen konnte, war ihr Leben öde und freudlos.

Trotzdem – und das war ihr heimlicher Triumph: Einmal hatte die fügsame Johannette sich gegen ihr Geschick aufgelehnt. Wenige Tage vor ihrer Hochzeit war es gewesen. Sie hatte es sich reiflich überlegt, was sie tun wollte. Ja – sie hatte sich dazu durchgerungen, den ungeliebten Bräutigam zu nehmen, ihn ein Leben lang zu ertragen. Sie würde sich von ihm ausnutzen, beherrschen, demütigen lassen. Alles würde sie geduldig tragen. Aber ihm ihre Jungfräulichkeit schenken, das würde sie nicht. Zuvor wollte sie mit Heinrich zusammensein, mit dem Mann, dem ihre Liebe galt und der sie so sehr wiederliebte, daß er auf sie verzichtete, damit sie in gesicherten Verhältnissen leben konnte. Johannette hatte ihn darum gebeten, ihr zum Abschied ein Geschenk zu machen. Einmal im

Leben wollte sie in seinen Armen liegen und liebende Frau sein, einmal nur den geliebten Mann ganz bei sich haben. Die beiden jungen Menschen hatten sich mit einer einzigen Stunde des Glücks begnügen müssen.

Johannette hatte ein dreiviertel Jahr nach der Hochzeit einem Sohn das Leben geschenkt, der Karl genannt wurde. Sie hoffte, Ähnlichkeiten mit Heinrich an ihm zu entdecken. Insgesamt sieben Kinder gebar Johannette: Auf Karl folgte Christian, dann kamen Mariechen, Lina und Emma – sie wurde zu Ehren der waldeckischen Prinzessin, die Königin der Niederlande geworden war, so genannt. Zuletzt erblickten Friedrich und Herman das Licht der Welt.

Johannette

Einige Jahre sind inzwischen vergangen. Johannette führt ein recht eintöniges Leben. Trotz der wachsenden Kinderschar, die ihre Kräfte ganz fordert, fühlt sie sich einsam an der Seite des alternden, ungeliebten Ehemannes. Und immer häufiger fragt sie sich, wozu sie überhaupt lebt. Hat das Leben nur den Sinn, Kinder zu haben, deren Lebenssinn dann darin besteht, auch wieder Kinder zu bekommen? Johannette spürt: Das kann nicht alles sein. Es muß noch etwas geben, etwas, von dem sie bisher noch nichts weiß. Sie macht sich auf die Suche.

Irgendwann sieht sie ein Plakat in der Stadt. Ein Auswärtiger will im Wirtssaal Vorträge halten über die Frage, wozu der Mensch lebt. Jedermann ist herzlich eingeladen, der Eintritt ist frei. Eine Woche lang wird der Fremde jeden Abend um acht Uhr sprechen. Johannette beschließt, sich einen Vortrag anzuhören. August protestiert.

»Du da«, sagt er, »das ist irgend etwas Frommes. Fang bloß nicht damit an! Wenn du unbedingt fromm sein willst, dann geh meinetwegen am Sonntag in die Kirche. Das ist doch genug!«

Johannette widerspricht so energisch, wie sie ihrem Ehemann noch nie widersprochen hat. Sie vermutet, daß August sich die Frage nach dem Sinn des Daseins noch nicht gestellt hat. Oder er hat eine befriedigende Antwort gefunden, eine für ihn befriedigende Antwort, die besagt, daß der Zweck des Lebens darin besteht, viel Geld zu verdienen, das Vermögen der Familie zu mehren, den Kindern gute Existenzgrundlagen zu schaffen – oder etwas Ähnliches.

»Ich habe nie etwas dagegen gesagt, wenn du ins Wirtshaus gegangen bist, August«, macht sie ihm klar. »Das ist deine Angelegenheit! Aber das hier, das ist meine Sache. Ich will hören, was der Mann sagt.«

August knurrt, aber ihm fällt kein Gegenargument ein.

Am Abend geht Johannette zu dem Vortrag in den Wirtssaal. Sie wundert sich, daß so viele Leute der Einladung gefolgt sind. Der Redner ist ein mittelgroßer Mann mit schütterem Haar, an die fünfzig Jahre alt. Er rollt das R beim Sprechen.

Er sei kein berufsmäßiger Redner, erklärt er, und schon gar kein ausgebildeter Geistlicher. Trotzdem wolle er jetzt über Gott, die Menschen und die Bibel reden und berichten, wie Gott mit ihm, dem einfachen Mann aus Elberfeld, gesprochen habe und wie sein Leben danach anders geworden sei.

Johannette gefällt die frische Art, wie der Mann spricht. Er hat nichts auswendig gelernt, nicht einmal Stichworte für seinen Vortrag aufgeschrieben. Was er sagt, das meint er, das hat er erlebt. Er erzählt, daß er sich die Frage gestellt habe, warum der Mensch eigentlich auf der Welt sei. Er sei darüber unruhig geworden, und da habe er angefangen, die Bibel zu studieren.

Und nun führt er ganz viele Bibelstellen an, so viele, daß es Johannette fast schwindlig wird. Aber sie versteht, was der Redner als wichtigste Nachricht vermitteln möchte: Gott will für jeden Mann, jede Frau, jedes Kind wie ein Vater sorgen. Und er hat für jeden Menschen einen Plan und eine Aufgabe. Es ist wichtig, sich vertrauensvoll an Gott zu wenden und sich von ihm diese Aufgabe zeigen zu lassen. Wer sich Gott nicht anvertraut, so weist der Redner anhand von Bibelstellen nach, der muß sehen, wie er alleine zurechtkommt – auch im Jenseits, wenn jeder sich für seine Taten verantworten muß. Er selbst, der Redner habe sein Leben Gott anvertraut und sei sehr glücklich dabei geworden. Und nun möchte er alle Zuhörer ermuntern, sich auch in Gottes Hand zu geben. Das sei der Sinn des Lebens.

Johannette beschließt, am nächsten Abend wieder in den Wirtssaal zu gehen und auch ihre älteren Kinder mitzunehmen. Als sie fortgehen will, schreitet August energisch ein.

»Du da, was soll diese dauernde Wirtshausrennerei?« wettert er. »Du versäumst darüber noch deine Pflichten als Hausfrau!«

Johannette hat geahnt, daß dies sein erstes Argument sein würde. Deshalb hat sie den Haushalt völlig in Ordnung gebracht. »Wo ist etwas auszusetzen?« fragt sie. August findet nichts.

»Trotzdem dulde ich nicht, daß du dort wieder hingehst!«

»Gebe ich etwa Geld aus wie du in der Wirtsstube nebenan? Werde ich aufgehetzt gegen den Kaiser oder den Ehemann? Nichts von alledem! Du kannst doch nichts dagegen haben, daß ich die Bibel besser kennenlerne. Der Pfarrer ist auch dabei.«

»Der Pfarrer auch?«

»Der kann von dem Mann aus Elberfeld noch viel lernen. Jetzt habe ich wenigstens begriffen, warum Gott seinen Sohn schicken mußte.«

»Ach, und vorher wußtest du das nicht?«

»Nein, das ist mir erst jetzt klargeworden.«

»Was denn?«

»Alle Menschen sind Sünder. Auch wenn sie noch so gut und rechtschaffen leben. Und deswegen müßte Gott eigentlich jeden Menschen bestrafen.«

»So etwas steht in der Bibel?«

»Ja, aber Gott hat die Menschen lieb. Und deswegen schickte er seinen Sohn auf die Erde: Den bestraft er – und die Menschen gehen straffrei aus.«

»Na also! Dann ist ja alles in Ordnung.«

»Eben nicht, August! Wenn du von Jesus nichts wissen willst, dann gilt es nicht für dich. Dann trifft dich Gottes Strafe!«

»Das alles hat der Mann erzählt? Und der Pfarrer war dabei?«

»Ja, und ich bin neugierig, über was er heute abend sprechen wird.«

»Na, dann geh meinetwegen hin!«

»August, willst du nicht auch mitkommen und dem Redner zuhören?«

»Ich? Um keinen Preis! Ich sitze lieber nebenan in der Wirtsstube.«

August ist froh, daß die Vorträge nur eine Woche lang dauern. Der religiöse Spuk in seinem Haus würde dann bald ein Ende haben. Doch er hat sich getäuscht.

Im Anschluß an die Vortragsreihe entsteht eine Bibelgruppe. Interessierte treffen sich mit dem Pfarrer, um zusammen die Bibel zu lesen und über das Gelesene zu sprechen. Johannette und ihre Kinder lassen diese »Bibelstunde« nur selten aus. Ihren jüngeren Kindern erzählt sie nachmittags nach und nach die biblischen Geschichten. Als der Pfarrer einmal zufällig ins Haus kommt, ist er sehr erstaunt über Johannettes Talent. Er bittet sie, sonntags im Anschluß an den Gottesdienst eine Sonntagsschule abzuhalten, damit auch die anderen Kinder die biblischen Geschichten kennenlernen. Johannette sagt zu.

August fühlt sich einerseits geschmeichelt, weil seine Frau eine wichtige Aufgabe übertragen bekommen hat, andererseits mißfällt ihm die begeisterte Frömmigkeit seiner Familie. Johannette hat ganz selbstverständlich das bis dahin unübliche Tischgebet eingeführt und betet zur Nacht mit den Kindern. In der Familie herrscht nun ein neuer Geist, auch wenn die Ehe mit August nach wie vor schwierig ist.

Später erzählt Johannette immer wieder, ihr Leben sei erst schön geworden, nachdem sie angefangen habe, mit Gott zu leben.

Bahnfahrt

Klara hat eine Fahrkarte dritter Klasse. Gleich nach dem Einsteigen in den Zug kommt der Kondukteur und kontrolliert die Karte. Eine Fahrt in der vierten Klasse wäre noch billiger gewesen, aber dann hätte Klara während der gesamten Fahrt stehen müssen. In der dritten Klasse gibt es wenigstens Holzbänke zum Sitzen.

Schon nach wenigen Minuten weiß Klara, warum manche Fahrgäste sich ein Sitzkissen mitgebracht haben. Jede Verbindungsstelle der Schienen bekommen die Reisenden unmittelbar zu spüren. Klara steht manchmal auf, um sich ein wenig auszuruhen. Dies ist ihre erste Bahnfahrt. Eisenbahnzüge gesehen hat sie schon öfter, wenn sie mit dem Vater in Kassel war. In einem dringesessen hat sie bisher noch nie. Und was gibt es auf der Fahrt nicht alles zu sehen!

Plötzlich wird es dunkel. Obwohl der Vater ihr davon erzählt hat, daß der Zug manchmal mitten durch einen Berg fährt, erschrickt sie doch beim ersten Mal. So ein Tunnel ist ja richtig unheimlich: Der Dampf der Lokomotive ist bis in den Wagen zu riechen. Außerdem pfeift sie manchmal schrill. Und auch die Geräusche der Räder sind im Tunnel besonders laut.

Von der langen Fahrt wird Klara hungrig. Sie packt ein Stück Brot mit Wurst aus und beginnt zu essen. Die Mutter hat ihr eine gute Mahlzeit eingepackt. Hätte Klara gewußt, was ihr in Altenvörde bevorstand, sie wäre wahrscheinlich schon am nächsten Tag wieder heimgekehrt. Aber das Zukünftige hat Gott den Menschen verhüllt, und das ist gut so.

Ankunft

Es ist später Nachmittag, als der Zug in Hagen hält. Karl steht auf dem Bahnsteig und winkt mit dem Hut. Klara schiebt ihr Gepäck bis zur Tür des Eisenbahnwagens. Karl nimmt ihr die Koffer ab, stellt sie auf das Perron. Dann hebt er sie übermütig herunter und drückt sie herzlich an sich.

»Willkommen in Westfalen, du Hessenmädchen!« ruft er. »Hattest du eine gute Reise?«

Klara reibt verstohlen ihre Kehrseite: »Ich habe viel gesehen. Die Reise war aufregend.«

»Ich hatte dich schon einen Zug eher erwartet. Ich bin schon vor zwei Stunden hiergewesen.«

»Das tut mir leid, Karl. Ich wußte doch nicht ...«

»Macht nichts, Bäschen! Ich habe mir sowieso heute nachmittag freigenommen, um dich abzuholen. Komm, die Pferde warten schon.«

Tante Rickchen stürzt aus der Küche, als das Fuhrwerk auf dem holprigen Pflaster vor dem Haus vorfährt. »Kind, Kind, ich habe gar keine Zeit, dich jetzt zu begrüßen. Um sieben kommen die Männer heim und wollen essen. Und ich habe noch Bohnen gebrochen! Wärst du nur zwei Stunden eher hiergewesen, dann hättest du mir helfen können.«

»Ach, Tante Rickchen, ich wasche mir nur schnell die Hände und helfe dir dann«, sagt Klara.

»Nun aber mal langsam«, lacht Karl. »Willst du nicht erst einmal wissen, wo du überhaupt schlafen wirst?« Karl drückt dem Nachbarn etwas in die Hand und ergreift die Koffer.

»Vorerst, Kind, schläfst du unter dem Dach«, sagt Tante Rickchen. »Die Dachschräge ist noch roh. Im Herbst lassen wir dann eine Wand vor die Balken machen. Dann hast du ein hübsches Zimmerchen.«

Karl schreitet auf das große Doppelhaus zu, das nur auf einer Seite von der Familie bewohnt wird. Rechts der Einfahrt fällt das Gelände stark ab bis zum Bach, dessen leises Plätschern man bis oben hört. Hier ist ein großer Küchengarten terrassenförmig angelegt, wobei Treppenstufen von einer Terrasse bis zur anderen führen.

Im Haus riecht es nach Gemüsesuppe. Tante Rickchen bereitet offensichtlich das Essen für die Bauarbeiter zu, die bei ihr wohnen. Klara folgt Karl bis unter das Dach. Er öffnet die Tür zu einem Stübchen, dessen Dachschräge die rohen Dachziegel zeigt. Unter der Schräge steht das Bett, in dem sie schlafen wird. An der geraden Wand befindet sich ein alter Kleiderschrank, daneben stehen ein Tischchen und ein Stuhl. Den Tisch ziert eine hübsche Tischdecke mit einer Blumenvase.

»Unsere Pension ist erst im Aufbau, Klärchen«, erläutert Karl. »Und da ich wegen meiner Stelle wenig Zeit habe und mein Bruder beim Militär ist, geht alles langsam voran. Aber nach und nach wird es schon werden.«

Klara hat sich ihr Zimmer etwas anders vorgestellt, aber das läßt sie sich nicht anmerken.

»Wie schön«, sagt sie. »Tante Rickchen hat mir Blumen auf den Tisch gestellt.«

Karl lacht. »Da irrst du dich. Die Blumen habe ich gepflückt.«

»Ich soll dich auch herzlich von Katharina grüßen«, fällt es Klara nun ein. »Und von den Jungen – und natürlich von meinen Eltern.«

Karl bedankt sich. »Na, vielleicht sehen wir uns ja bald wieder.«

Klara holt eine Schürze aus ihrem Koffer und bindet sie um. Dann läßt sie sich von Karl in die Küche führen.

»Gut, daß du da bist«, begrüßt Tante Rickchen sie dort. »Der Eimer Bohnen hier soll noch geschnippelt und eingelegt werden.«

Klara setzt sich an den großen Tisch und beginnt, bei jeder grünen Bohne den Stiel und den kleinen Schotenfortsatz abzuschneiden und den Faden an der Längsseite abzuziehen. Tante Rickchen, die im Nebenzimmer – dem Eßraum für die Männer – den Tisch deckt und nur hin und wieder in die Küche kommt, lobt sie, weil sie flink arbeitet.

Als Klara mit allen Bohnen fertig ist, gibt ihr Tante Rickchen die Bohnenmaschine. Das ist ein Gerät, bei dem man mit Hilfe einer Kurbel zwei Messerchen auf einer Scheibe in Bewegung setzt. Die zu schnippelnden Bohnen werden durch eine kleine Röhre gegen die rotierenden Messerchen gedrückt und dabei in lauter hauchdünne Scheibchen zerschnitten. Als Klara beginnt, die Kurbel zu drehen, hört sie die Männer heimkommen. Sie scheinen hungrig zu sein, denn sie gehen sofort in den Speiseraum. Tante Rickchen holt Terrinen voller Suppe aus der Küche und geschnittenes Brot. Bald darauf hört sie leises Löffelklappern und zwischendurch auch gedämpftes Reden. Mehrmals muß Tante Rickchen die Suppenschüsseln nachfüllen und Brot holen.

»Die haben heute aber wieder einen Hunger«, sagt sie zu Klara. Die arbeitet unverdrossen weiter, obwohl auch sie hungrig ist.

Tante Rickchen hat die Teller abgeräumt; zwei Wasserkessel summen auf dem Herd.

»Laß die Bohnen stehen, und hilf mir beim Abwaschen«, nickt Tante Rickchen Klara zu. »Ich rufe jetzt erst Karl. Der soll auch zum Essen kommen.«

Da fällt Klara ein, daß sie in einem Koffer eine große rote Hausmacherwurst und ein von Mutter selbstgebackenes Brot mitgebracht hat. Flink holt sie es in die Küche. »Einen lieben Gruß von Vater und Mutter«, richtet Klara aus, »einen Gruß aus dem Hessenland!«

Karl ißt nur wenig von der Suppe. Er greift lieber nach dem würzigen Brot und der leckeren Wurst. Tante Rickchen schließt Brot und Wurst schnell in die Speisekammer ein, deren Schlüssel sie am Gürtel trägt. »Die Leute werden sich freuen, wenn sie mal hessisches Bauernbrot und hessische Wurst bekommen. Iß nicht zuviel davon weg, Karl!«

Nach dem Abwaschen holt Tante Rickchen einen Steinguttopf. Klara schnippelt die restlichen Bohnen. In den Topf wird eine wenige Zentimeter dicke Schicht von Schnippelbohnen eingelegt und mit einem Holzstampfer festgedrückt, fast ein wenig gequetscht. Darüber streut die Tante dick Salz. Nun füllt Klara wieder eine Bohnenschicht ein und stampft sie fest. Wieder wird Salz über die Bohnen gestreut. So wird der Steinguttopf Schicht um Schicht gefüllt. Obendrauf legt Tante Rickchen ein sauberes Tuch, ein passend geschnittenes Brett, das sie mit einem sauber gewaschenen Stein beschwert. Der Topf wandert in den Keller an einen kühlen Ort.

»Das gibt Bohnengemüse für den Winter«, lacht Tante Rickchen. Nun waschen die beiden noch die Messer und die Bohnenmaschine ab. »Puh«, seufzt Tante Rickchen, »jetzt bin ich aber froh, daß es Abend ist. Laß uns schlafen gehen!«

Klara wundert sich. Hat die Tante vergessen, daß sie, Klara, noch nicht zu Abend gegessen hat? Sie scheut sich, die Tante auf die Selbstverständlichkeit hinzuweisen, daß auch sie essen muß.

Tante Rickchen hat sie offensichtlich vergessen. Sie sagt:

»Gute Nacht, Klärchen! Du weißt ja, wo dein Zimmer ist. Träume etwas Gutes. Und denk dran: Was man in der ersten Nacht in einem fremden Bett träumt, das geht in Erfüllung.«

Klara steigt in ihre Dachkammer hinauf und schlüpft ins Bett. Sie hat Hunger. Hätte sie bei der Abreise geahnt, daß sie heute kein Abendessen erhalten würde, sie hätte die Mutter gebeten, ihr etwas mehr Verpflegung mit auf die Fahrt zu geben. Klara zieht die Decke bis zum Kinn hoch. Trotz des knurrenden Magens schläft sie schließlich ein.

Sie träumt wilde, bewegte Bilder: Da ist Karl, der sich plötzlich in einen Kondukteur in der Eisenbahn verwandelt und sie aus dem Zug weist. »Komm mit, Bäschen«, sagt er, »wir beide dürfen nicht lange mitfahren. Wir steigen zeitig aus.« Aber Klara will nicht aussteigen. Da wandelt sich das Traumbild. Sie sieht plötzlich die Ruine der Klinger Kirche. In einem Fenster erkennt sie den hübschen Burschen aus der Schreinerei. Der winkt ihr freundlich zu und sagt: »Ich habe Kindersärge mitgebracht.«

Der erste Arbeitstag

»Klärchen, bist du wach?« fragt Tante Rickchen, nachdem sie von draußen an Klaras Kammertür geklopft hat. »Steh auf, wir müssen das Frühstück vorbereiten.« Die Tante kommt ins Zimmer. Sie trägt einen Waschkrug mit Wasser, eine Waschschüssel, ein Handtuch, ein Stück Seife und eine Kerze bei sich. »Wasch dich schnell, Kind! Ich gehe schon in die Küche.«

Klara wäscht sich über das Gesicht, schlüpft in ihre Kleider und streicht die Haare glatt. Sie bindet eine karierte Schürze um und läuft die Treppe hinunter in die Küche. Tante

Rickchen hat Brot in Scheiben geschnitten. Auf dem Küchentisch liegen viele Brotdosen aus Blech, in jeder ist ein Name eingestanzt.

»Wir müssen den Männern die Vesperbrote streichen«, erklärt Tante Rickchen. »Ich zeige dir, wie das geht.«

»Brote streichen, das kann ich«, meint Klara. »Das habe ich daheim ganz oft machen müssen.«

»Bei uns hier ist das etwas anders. Schau, die Butter streichst du nur am Rand der Brotschnitte auf. In der Mitte kannst du sie sparen. Wir dürfen nicht zuviel davon verbrauchen, Butter ist teuer.« Und Tante Rickchen macht vor, wie Klara eine Scheibe Brot nur nahe der Rinde ringsum mit Butter bestreichen soll. Sie legt eine Scheibe Wurst auf und stülpt eine ebenfalls nur am Rand bestrichene Brotscheibe oben drauf.

»Siehst du«, schmunzelt Tante Rickchen, »nun kleben die Brotscheiben aneinander, und wir haben trotzdem Butter gespart.«

Klara macht die Frühstücksbrote so, wie Tante Rickchen es haben will. Beim Geruch des Brotes und der Wurst läuft ihr das Wasser im Mund zusammen. Sie spürt, wie hungrig sie ist. Trotzdem traut sie sich nicht, etwas zu sagen. In jede Dose legt Klara drei Doppelscheiben – die Ration für den Tag.

Kurz nach halb sechs Uhr erscheinen die Arbeiter am Frühstückstisch. Es gibt Brot, Marmelade und Malzkaffee für sie. Jeder füllt sich noch etwas Kaffee in eine Feldflasche. Gegen sechs Uhr verlassen die Arbeiter das Haus. Sie müssen ein Stück weit laufen und dann mit der Bahn fahren; die Strecke wurde extra für den Transport von Arbeitern und Baumaterial zur Talsperre angelegt.

Etwas früher schon hat Karl das Haus verlassen. Sein Vesperbrot hat Tante Rickchen selbst gestrichen. Klara konnte sehen, daß bei ihm das Brot auch in der Mitte mit Butter bestrichen war.

»Hast du denn schon etwas gegessen, Klärchen?« fragt Tante Rickchen, als sie das Geschirr aus dem Speisesaal in die Küche tragen.

»Nein, Tante Rickchen«, antwortet Klara.

»Schmier dir ein Stück Brot, gieß dir Kaffee ein, und stell alles auf die Fensterbank! Dann kannst du zwischendurch mal beißen und trinken. Weißt du, Zeit für ein ausgiebiges Frühstück haben wir nicht.«

Klara macht sich ein Frühstück zurecht und beißt heißhungrig hinein. Während sie den Bissen kaut, trocknet sie einige Teller ab. Dann beißt sie den nächsten Bissen ab, schlürft einen Schluck Kaffee und wendet sich wieder dem Geschirr zu. Tante Rickchen macht das genauso. Als das Geschirr abgewaschen und weggeräumt ist, hat Klara ihre Brotscheibe aufgegessen.

»Mach dir noch ein Stückchen Brot«, fordert die Tante sie auf. Klara lehnt ab. Sie hat das Gefühl, keinen Bissen mehr herunterkriegen zu können. Klara wischt die Eßtische ab und fegt die Dielen. Anschließend geht sie mit der Tante in die Schlafräume der Männer, um die Betten zu machen. Die Eimer mit dem verbrauchten Waschwasser bringt sie nach unten in den Ausguß und wischt die Waschschüsseln aus. Dann fegt sie die Schlafzimmer.

»Jeder Arbeiter hat einen Spind für seine Kleider und seine Wertsachen«, erklärt Tante Rickchen. »Hier in den drei großen Zimmern schlafen jeweils vier Männer, in dem kleineren Zimmer oben schlafen noch einmal drei. Das sind fünfzehn Pensionsgäste. Arbeit genug!«

»Hast du das bisher alleine geschafft, Tante Rickchen?«

»Ja, Kind, ich weiß selbst nicht, wie das gegangen ist. Ich bin jetzt auch wirklich erschöpft. Und ich bin heilfroh, daß du da bist und mich unterstützen willst.« Die Tante umarmt Klara. Klara drückt die Tante ebenfalls. »Wir beide schaffen das schon, Tante Rickchen.«

»Nachher kommt der Gemüsehändler«, sagt Tante Rickchen, als beide wieder in der Küche sind. »Mit dem muß ich immer verhandeln, damit ich einen guten Preis kriege. Du könntest in der Zwischenzeit in den Garten gehen, Klärchen.«

Klara nickt.

»Wir haben die untere Terrasse am Bach jetzt erst angelegt. Die Erde dort ist schrecklich steinig. Du könntest einen Eimer nehmen und Steine auflesen.«

»Ich habe schon gesehen, daß euer Land hier so steinig ist. Das bin ich von daheim nicht gewöhnt. In unserem Garten ist die Erde dunkelbraun und ganz ohne Steine.«

»Siehst du, unsere hier ist rötlich. Und wir sind steinreich! Trotzdem wächst auch hier alles, wenn man die Steine von den Beeten liest und Mist einarbeitet.«

Klara steigt zur unteren Terrasse hinab und macht sich an die Arbeit. Es gibt viele kantige Steine, die manchmal faustgroß sind. Klara füllt ihren Eimer und schleppt ihn nach oben. Dabei zählt sie zweiundneunzig Stufen bis zum Haus. Als sie oben ist, bleibt ihr der Atem fast weg. Nun füllt sie den Eimer nur noch halbvoll.

Gegen Mittag ruft Tante Rickchen. Klara hat einige Quadratmeter Boden von Steinen befreit. Aber viele weitere Steine warten noch auf sie. »Ich habe dir zugeschaut«, sagt Tante Rickchen, als Klara den letzten Eimer nach oben schleppt. »Wenn du dich mehr gebückt hättest, dann hättest du auch mehr Steine lesen können.«

Klara schluckt. Sie hat doch so gut gearbeitet, wie sie nur konnte.

In der Küche schiebt Tante Rickchen ihr einen Brotteller und Marmelade hin. Sie hat auch wieder Malzkaffee gekocht. »Da, Kind, iß«, fordert sie Klara auf. Klara streicht sich gehorsam eine Scheibe Brot, aber sie ist so erschöpft vom Schleppen der schweren Steine, daß sie kaum essen kann. Mühsam würgt sie an ihrem Mittagsbrot und spült mit Malzkaffee nach.

»Ich lege mich jetzt ein Stündchen hin, um zu ruhen«, erklärt Tante Rickchen. »Du kannst dich auch ein wenig ausruhen, Kind. Setz dich dort auf den Sessel und lege die Beine auf den Schemel. Dabei kann man sich gut erholen. Ich habe dir den Flickkorb hingestellt. Während du ruhst, kannst du Strümpfe stopfen. Die Männer machen sich ja dauernd Löcher in die Socken!«

Klara setzt sich in den Sessel, der in der Ecke der Küche steht, zieht das Nähkästchen herbei, sucht ein Stopfei heraus und steckt es in einen Strumpf. Sie sucht passendes Stopfgarn und beginnt, das Loch an der Ferse zu schließen. Beim nächsten Strumpf flickt sie die Stelle über der großen Zehe. Beim dritten Strumpf nickt sie ein. Sie muß wohl zwanzig Minuten geschlafen haben, als sie plötzlich aufschreckt. Schnell macht sie sich an die Arbeit, denn sie will doch möglichst viele Strümpfe gestopft haben, bis Tante Rickchen nach Beendigung ihres Mittagsschlafes wieder in die Küche kommt. Klara hält den Kopf über die vierte Socke gebeugt, als die Tante eintritt.

»Drei Stück hast du geschafft? Das ist nicht gerade viel, Kind, aber ich sehe, du hast sehr sorgfältig gearbeitet.«

Es ist Zeit zum Kaffeetrinken. Tante Rickchen schenkt sich selbst und Klara wieder Malzkaffee ein. Eine Beilage dazu gibt es nicht. Klara ist das nicht gewöhnt. Harte Arbeit macht ihr nichts aus, die gab es daheim oft. Aber daheim gab es immer auch gut zu essen. Die Mutter hatte immer darauf geachtet, daß jeder auf ihrem Hof ausreichend zu essen bekam. Und dabei machte sie keinen Unterschied zwischen einem Tagelöhner und dem Hausherrn. Klara wundert sich, daß Tante Rickchen mit so wenig Essen auskommt. Sie selbst lernt jetzt das Gefühl kennen, das sie in Altenvörde nie mehr verlassen wird: das ständig leichte Hungrig-Sein.

Es wird Zeit, die Kartoffeln zu schälen. Fünfzehn hungrige Männer brauchen eine ganze Menge der gelben Knollen. Tante

Rickchen zeigt Klara, wo die Kartoffeln im Keller aufbewahrt werden und welche Menge sie für eine Mahlzeit braucht. Klara schleppt anderthalb Eimer voll nach oben, wäscht und schält sie. Danach gibt es einen großen Topf voll Kohlrabi zu schälen und in Würfelchen zu schneiden. Alles muß gut vorbereitet sein. Im Herd wird nun kräftig Feuer entfacht, denn es dauert seine Zeit, bis die großen Töpfe erhitzt sind. Als das Gemüse auf dem Feuer steht, deckt Klara die Tische. Danach muß sie für jeden ein Würstchen braten.

Bei der Mahlzeit später loben die Männer das gute Essen. Während Tante Rickchen die Essensausgabe überwacht – sie selbst schenkt aus den Schüsseln aus, damit niemand zu viel nimmt – holt Klara Holz in die Küche und verstaut es in der Holzkiste, denn zum Frühstück muß ja wieder Malzkaffee auf dem Herd gekocht werden. Dann bringt sie die gefüllten Waschkrüge für die Männer nach oben, damit die sich am nächsten Morgen gleich waschen können. Klara senkt die Augen, als sie die neugierigen Blicke der Männer spürt.

Nach dem Essen werden Teller und Töpfe gespült. Heute abend fordert Tante Rickchen ihre Nichte auf, etwas zu essen. Klara schaufelt einen Berg Kartoffeln in sich hinein. Merkwürdigerweise will sich das Gefühl, satt zu sein, nicht einstellen. Sie hat nachher Leibschmerzen.

Solange man draußen noch etwas erkennen kann, gehen Tante Rickchen und Klara noch in den Garten zu dem Beet mit den Stangenbohnen und ernten die grünen Schoten, die morgen den Männern als Bohnengemüse gereicht werden sollen.

Als es ganz dunkel ist, gehen sie schließlich ins Haus zurück; Klara fällt todmüde ins Bett.

So oder ähnlich verlaufen in nächster Zeit alle ihre Arbeitstage in Tante Rickchens Haus.

Sonntag

Der Sonntag verläuft ruhig. Die Pension ist leer, weil die Männer übers Wochenende zu ihren Familien fahren.

Vormittags besucht Klara mit Tante Rickchen einen Gottesdienst. Am Nachmittag geht Tante Rickchen mit Karl aus. Klara ist eingeladen mitzukommen, aber sie möchte einen Brief nach Hause schreiben, auf den Vater und Mutter bestimmt schon warten. So erbittet sie sich Papier, Feder und Tinte und schreibt:

»Liebe Eltern, liebe Geschwister!
Aus Altenvörde sende ich Euch heute ein Lebenszeichen. Ich bin gut hier angekommen. Die Bahnfahrt war schön. Karl hat mich am Bahnhof abgeholt. Tante Rickchen ist sehr froh, daß ich da bin, denn es gibt hier viel Arbeit. In der einen Hälfte des Hauses wohnen fünfzehn jüngere Bauarbeiter. Ich bin in dem von Tante Rickchen bewohnten Teil des Hauses untergebracht und schlafe in einem Dachzimmer. Die Arbeiter, die hier wohnen, kommen am Sonntagabend und bleiben bis Samstagabend. Am Samstagabend, wenn sie ihren Lohn erhalten haben, bezahlen sie Tante Rickchen gleich für die Unterkunft und die Kost in der kommenden Woche. Liebe Eltern und Geschwister, demnächst schreibe ich mehr. Von der Stadt und der Gegend hier habe ich noch nicht viel sehen können.

Seid alle innigst gegrüßt und geküßt
von Eurer Tochter und Schwester
Klara.«

An Katharina schreibt sie:

»Liebes Schwesterlein,
wie es mir hier gefällt, das weiß ich nicht, denn ich habe gar keine Zeit, darüber nachzudenken. Ich weiß nur, daß ich manchmal Heimweh nach Dir und den anderen habe. Aber das dauert nie lange. Karl sehe ich jeden Tag. Ich weiß, daß Du ihn gerne magst, deswegen schreibe ich Dir von ihm. Er muß morgens frühzeitig zur Arbeit. Den ganzen Tag fährt er mit der Straßenbahn herum und kassiert das Fahrgeld von den Fahrgästen. Abends ist er deshalb sehr müde und gar nicht mehr so lustig wie sonst immer. Tante Rickchen möchte, daß er bald heiratet. Denn hier ist so viel Arbeit, daß wir noch eine Frau als Hilfe gebrauchen könnten. Schade, daß Du noch so jung bist, liebes Trinchen, sonst könnte ich ihm vorschlagen, daß er Dich nehmen soll. Hier gibt es immer viel zu tun. Freizeit habe ich eigentlich gar nicht. An das andere Essen muß ich mich erst gewöhnen. Aber das wird schon werden.

Es grüßt Dich ganz herzlich
Dein Schwesterchen
Klara.«

Als Klara den Brief beendet hat, legt sie sich auf ihr Bett und ist im Handumdrehen eingeschlafen. Sie wird erst wach, als abends die Männer kommen.

Ein Pensionsgast ist krank

An einem Morgen kann ein junger Arbeiter nicht aufstehen. Er fühlt sich schwach und muß viel husten. Tante Rickchen schickt Klara zu ihm. »Sag ihm, er soll sich ein wenig gedulden. Wenn die anderen Männer aus dem Haus sind, kannst du ihm sein Frühstück bringen.«

Nach dem Abwaschen geht Klara mit einem Marmeladebrot und mit einer Tasse Malzkaffee zu dem Kranken. Der junge Mann hat glänzende Augen, aber dennoch kein hohes Fieber. Er mag nichts essen, trinkt aber viel.

»Bitte öffnen Sie doch einmal meinen Spind«, bittet er Klara. »Da muß irgendwo eine Flasche mit Branntwein stehen. Die möchte ich gern haben.«

»Sie trinken Branntwein?« fragt Klara erstaunt. »Das ist aber ein sehr gefährliches Zeug.«

»So etwas hat meine Mutter auch immer gesagt. Sie hat gesagt: ›Mein Sohn, hüte dich vor starkem Getränk.‹«

»Aber Sie trinken ja doch Branntwein!« entgegnet Klara.

»Naja, das stärkste Getränk ist doch das Wasser.«

»Das Wasser …?«

»Das Wasser trägt Schiffe und treibt Mühlräder an. Da muß es doch stark sein. Und deswegen hüte ich mich davor, wie meine Mutter es gesagt hat. Branntwein treibt kein Mühlrad und trägt auch keine Schiffe. Das ist also ein schwaches Getränk!«

»Ach Sie …« lächelt Klara. »Aber ich möchte Ihnen nicht so gerne Branntwein bringen. Meinen Sie nicht, wir sollten erst den Arzt fragen?«

Der junge Mann hustet. Klara wendet sich zum Gehen.

»Bleiben Sie, Fräuleinchen …«, bittet der junge Mann mit östlichem Akzent. »Ich möchte nicht gerne allein sein.«

Klara zieht einen Stuhl an sein Bett und nimmt Platz.

»Dann müssen Sie mir aber versprechen, Ihr Frühstücksbrot zu essen. Sonst bleibe ich nicht.«

Der junge Mann nickt. Klara schneidet das Brot in kleine Bröckchen und füttert ihn damit wie ein Kind. Das gefällt ihm.

»Sie sind aber kein Einheimischer«, beginnt Klara das Gespräch, als er gegessen hat.

»Nein, ich bin geboren in Oberschlesien. Meine Eltern kamen hierher, als ich ein kleiner Junge war. Mein Vater arbeitet in einer Grube. Ich arbeite hier auf der Baustelle, ich verdiene gutes Geld.«

Klara nickt. »Sie sprechen mit einem anderen Tonfall.«

Der Kranke lächelt. »Zu Hause mit meinen Eltern spreche ich polnisch. Nur an der Arbeit spreche ich deutsch. Und in der Kirche sprechen auch alle polnisch. Ich bin katholisch.«

Der junge Mann holt eine Kette mit einem Kreuz unter der Bettdecke hervor.

»Was haben Sie denn da?«

»Fräuleinchen, Sie sind nicht katholisch, da wissen Sie's nicht. Das ist ein Rosenkranz. Jede Perle bedeutet einmal beten.«

Klara staunt. Das hat sie nicht gewußt. »Ja«, sagt sie, »wir wollen dafür beten, daß Sie bald wieder gesund werden. Aber jetzt sollten Sie erst einmal schlafen. Das hilft.«

Der junge Arbeiter nickt. Aber mit dem Schlafen, das klappt nicht so recht, weil er ständig husten muß. Tante Rickchen kocht ihm einen Brusttee aus Lindenblüten. Mittags macht sie ihm eine Rindfleischbrühe, die er trinken soll, damit er wieder zu Kräften kommt.

Als sich am nächsten Tag nichts bessert, schlägt sie vor, den Arzt kommen zu lassen. Aber davon will der junge Mann aus Oberschlesien nichts wissen. Am nächsten Tag hustet er blutigen Schleim. Nun setzt Tante Rickchen sich durch und schickt nach dem Arzt.

Der Doktor macht ein ernstes Gesicht. »Der junge Mann muß sofort zur gründlichen Untersuchung in eine Lungenheilstätte. Es besteht Verdacht auf Schwindsucht.«

Klara weiß nichts Genaues über diese Krankheit. »Was ist denn das, Tante Rickchen?«

»Ach, Klärchen«, meint die Tante und zuckt die Schultern; »das ist eine Lungenkrankheit. Die bekommen fast nur arme Leute. In der Lungenheilstätte versuchen sie, die Lunge zu kurieren. Wenn die Schwindsucht aber schon zu weit fortgeschritten ist, dann gibt es keine Hoffnung mehr.«

Klara schluckt. »Keine Hoffnung mehr, Tante Rickchen? Und wie ist das hier bei dem jungen Mann? Ist die Krankheit da schon zu weit fortgeschritten?«

Tante Rickchen seufzt. »Klärchen, woher soll ich das wissen? Das ist Sache der Ärzte.«

Noch am selben Tag wird der junge Arbeiter abgeholt. Tränen laufen ihm über das Gesicht, als er Klara ein letztes Mal zuwinkt. Klara kommen ebenfalls die Tränen. Ob er wohl bald sterben muß?

Jahrmarkt

Eines Tages sagt Karl zu Klara: »Bäschen, am Sonntag habe ich dienstfrei. Dann besuche ich den Jahrmarkt. Und dich nehme ich mit.«

Klara freut sich auf die Abwechslung. Tante Rickchen scheint damit nicht einverstanden zu sein, mag aber ihrem Sohn gegenüber kein direktes Verbot aussprechen. »Gib nur nicht soviel Geld aus!« mahnt sie ihren Sohn. »Du weißt, daß wir jeden Pfennig gebrauchen können.«

»Ich werde das gesamte Familienvermögen auf dem Jahrmarkt verschleudern, Mutter«, lacht er. »Anschließend müssen wir von Haus zu Haus gehen und singen.« Tante Rickchen droht dem Sohn scherzhaft mit dem Finger.

Am Sonntagnachmittag macht sich Karl mit Klara auf den Weg zum Festplatz. Schon von weitem steigt ihnen der Geruch von allerlei Köstlichkeiten in die Nase. Karl sagt: »Wer viel arbeiten muß, der darf sich hin und wieder auch einmal vergnügen!«

Klara staunt, was es dort alles zu sehen gibt. In einer Bude ist ein Mensch mit zwei Köpfen zu besichtigen, aber dort gehen sie nicht hinein, weil der Eintritt fünf Pfennige kostet. Auch die Bude mit der starken Frau betreten sie nicht, obwohl darin eine Frau zu sehen sein soll, die jeden Mann im Faustkampf besiegen kann. Karl geht lieber zur Schießbude und schießt für Klara eine Pfauenfeder herunter. Sodann haut er den Lukas und lacht, als Klara ihn bewundert. In die Schiffschaukel will sie lieber nicht gehen, weil sie befürchtet, daß es ihr darin schlecht wird. Sie gehen aber dann in eine Bude, in der verschiedene wilde Tiere zu sehen sind: ein Tiger, ein Krokodil, ein Wolf und ein Vielfraß, ein Tier das fast aussieht wie ein Hund und angeblich jede Woche ein Spanferkel verschlingen muß, um nicht zu verhungern.

Und dann gibt es eine Bude mit einer Sensation. Darin, so ruft der Mann, dem die Bude gehört, sei eine Katze zu sehen, die Schlangen fräße. Als Karl das hört, meint er, das müsse er sehen, denn so etwas könne er sich nicht vorstellen. Klara will lieber draußen auf ihn warten. Karl bezahlt seinen Eintritt und verschwindet in der Bude. Nach wenigen Minuten kommen die Leute, die eine schlangenfressende Katze sehen wollten, teils lachend, teils schimpfend wieder heraus.

Klara schaut Karl an, der belustigt scheint. »Nun«, meint sie, »das ging aber schnell. Hat die Katze die Schlange so rasch verschluckt?« »Von wegen Katze, die Schlangen frißt …«, knurrt Karl. »Weißt du, was da geschehen ist? Als alle hereingekommen waren, trat ein Mann in die Bude, der eine Katze auf dem Arm trug. Er sagte laut: ›Hier ist die Katze, die Schlangen frißt. Das möchte ich gerne vorführen. Hat jemand von Ihnen eine Schlange mitgebracht?‹ Natürlich hatte das keiner. Da winkte der Mann ab: ›Tja, dann kann ich Ihnen auch nicht zeigen, wie die Katze eine Schlange frißt.‹ Das war alles!«

Klara meint: »Da hat der Mann die Leute eigentlich betrogen.«

Karl lacht: »Jahrmarkt! Da muß man aufpassen. Viele versuchen, einem das Geld aus der Tasche zu ziehen.«

Klara kauft sich Zuckerwatte. Karl nimmt für seine Mutter ein Lebkuchenherz mit, auf dem mit Zuckerguß »Zur Erinnerung« steht. Als sie an einer Losbude vorbeikommen, ruft der Losverkäufer: »Zugreifen, das junge Paar! Gewinnen Sie etwas für die Aussteuer! Viele herrliche Gewinne!«

Klara schaut die ausgestellten Gewinne an. Es gibt herrliche Blumenvasen, silberne Schalen, aber auch Puppen oder Spielzeugpferdchen. Klara zieht ein Los: Niete! Karl zieht ein Los: ebenfalls Niete!

»Wer kein Glück im Spiel hat, der hat jedenfalls Glück in der Liebe«, lacht Karl und fährt dann fort: »Na, Bäschen, gibt es denn jemanden, der dir gut gefällt? Ich meine, wo du doch Glück in der Liebe hast ...?«

Klara lächelt verlegen.

»Aha, es gibt also jemanden«, stellt Karl fest.

»Und du, du hast doch auch Glück in der Liebe oder ...«

»Das könnte schon sein. Da du es ja doch bald erfahren wirst, will ich es dir verraten: Ich habe eine junge Frau kennengelernt, die ich gern heiraten würde. Sie ist Erzieherin in einem Kinderheim hier ganz in der Nähe ... Was ist denn?«

Klara hat einen kleinen Schrei nicht ganz unterdrücken können.

»Was ist denn, Klara?« Karl sieht sie besorgt an.

»Ach, nichts«, stammelt Klara.

»Unsinn! Was hat dich so erschreckt? Ich habe dir doch nur gesagt, daß ich bald heiraten werde.«

Klara kommen die Tränen. Sie muß an Katharina denken, ihre Schwester, die sich immer gewünscht hatte, Karl zu heiraten.

»Das ist doch kein Grund zum Heulen, Klara. Trifft dich das so hart, daß ich heiraten will?«

»Nein«, beteuert Klara, unter Tränen lächelnd. »Es ist nur ... nur ... wegen Katharina.«

»Wegen Katharina?«

»Ja, Karl. Katharina mag dich doch so sehr. Weißt du, sie hat sich immer gewünscht, dich zu heiraten.«

Karl versucht zu lachen. »Aber ... Ich habe ihr doch nie ... Wie kommt sie denn darauf?«

»Ich weiß es auch nicht. Aber sie hat mir immer wieder gesagt, sie würde niemanden heiraten außer Karl.«

Karl seufzt. »Das liebe Dummerchen! Ich habe Katharina auch wirklich gern, aber weißt du ... einfach so! Weil wir halt verwandt sind. Daß sie meine Späße mißverstehen könnte, das habe ich nicht ahnen können.«

»Mein liebes Trinchen ...« Klara kommen erneut die Tränen.

»Ich bin sicher, daß Katharina einen netten Mann finden wird«, versichert ihr Karl. »Sie ist noch so jung. Da hat sie sich in den Gedanken verrannt, daß es nur mich gibt.«

»Ich werde ihr schreiben«, schlägt Klara vor.

»Ja, tu das! Und sag ihr, daß ich sie zur Verlobungsfeier einlade.«

Karls Verlobung

Es ist Sonntagabend, die Verlobungsfeier ist vorüber. Sie hat im Haus des Bräutigams stattgefunden – die Hochzeitsfeier wird dann von den Eltern der Braut ausgerichtet werden. Tante Rickchen hatte die Eltern und die fünf Geschwister der Braut nach Altenvörde eingeladen. Die Braut, Wilhelmine mit Namen, wird von allen Mimmi gerufen. Ihr Vater ist Lebensmittelkaufmann in Mülheim an der Ruhr.

Klara und Tante Rickchen haben verschiedene Sorten Kuchen gebacken, den Speiseraum mit vielen Blumen geschmückt und die Tafel sorgfältig gedeckt. Tante Rickchen hat ihr Tafelsilber hervorgeholt, das erst gründlich geputzt werden mußte, weil es schwarz geworden war. Außerdem hat es echten Bohnenkaffee gegeben.

Die Braut sah wunderschön aus. Mimmi hat dicke, hellblonde Haare und blaue Augen. Sie ist schlank und etwas kleiner als Karl. Ihre Schwestern Elisabeth, Gertrud, Maria und die kleine Martha hatten ihr einen bunten Brautkranz aus Gartenblumen gewunden, den sie ihr zu Beginn des Nachmittags aufsetzten. Alle vier Schwestern haben Gedichte vorgetragen, und der kleine Bruder sang mit heller Stimme einen Glückwunsch. Der Vater der Braut richtete das Wort an die Brautleute, und stellvertretend für den verstorbenen Vater des Bräutigams hielt der vom Militärdienst beurlaubte Friedhelm eine kleine Rede. Alles ist sehr feierlich gewesen.

Mimmi ist einige Jahre älter als Klara. Die beiden mochten sich von Anfang an gut leiden. Bereits vor der Verlobung ist Mimmi öfter zu Gast bei Karl gewesen und hat mit Klara Freundschaft geschlossen. Sie ist still und freundlich, dabei aber eher zurückgezogen – ganz anders als der lebhafte und manchmal laute Karl.

Klara hatte einen Brief an Katharina abgeschickt. Mehrmals hatte sie neu angefangen zu schreiben, weil sie Katharina das, was ihr wehtun würde, möglichst schonend mitteilen wollte. Katharina hat Karl daraufhin einen herzlichen Glückwunsch gesandt, zugleich aber mitgeteilt, daß sie zur Verlobungsfeier nicht kommen könne, da sie zu Hause unabkömmlich sei. Klara weiß, daß das nicht der wahre Grund war. Sie hat es vorgezogen, zu Hause zu bleiben, weil sie Karl mit der glücklichen Braut an seiner Seite nicht sehen konnte, ohne selbst traurig zu werden.

Der Brief, den Katharina dann an Klara geschrieben hat, ist merkwürdig gewesen. Katharina hat Klara versichert, daß sie keinesfalls heiraten werde. Und überhaupt – sie, die beiden Schwestern Klara und Katharina, dürften sich niemals gegenseitig im Stich lassen, denn sie gehörten doch nun mal zusammen.

Obwohl Karls und Mimmis Verlobungsfeier ein schönes Fest war, ist Klara froh, daß die Feier vorbei ist. Mimmis Schwestern haben nach dem Kaffeetrinken die mitgebrachten Schürzen vorgebunden und beim Abwaschen des Geschirrs geholfen. Das hat Klara sehr gut gefallen, denn sonst hätte sie alles alleine erledigen müssen. Tante Rickchen als Mutter des Bräutigams hätte die Gäste doch nicht im Stich lassen können, um in der Küche zu helfen.

Besuch bei Mimmi

Ein paar Wochen sind seitdem ins Land gegangen. Mimmi ist oftmals im Haus zu Gast gewesen und hat tüchtig mitgeholfen, als es darum ging, den Garten abzuräumen, das Kraut einzustampfen und die vielen Beete umzugraben.

Klara hat die untere Terrasse des Gartens nun von allen Steinen befreit. Jetzt soll sie eine ganze Fuhre Mist, die oben neben dem Haus abgeladen worden ist, in den noch unbearbeiteten Boden eingraben. Zunächst hat sie versucht, den Mist in Eimer zu schaufeln und diese dann die zweiundneunzig Stufen bis zur untersten Gartenterrasse hinunterzuschleppen. Aber dabei hat sie gemerkt, wie schwer Mist ist! Deswegen hat sie sich vorgenommen, jeden Tag nur ein wenig Mist in den Garten hinunterzutragen.

Zum Glück beklagen sich eines Tages die Arbeiter über die Geruchsbelästigung vor ihren Fenstern. Als Klara ihnen erklärt, daß sie die schwere Arbeit nicht auf einmal bewältigen könne, greifen die Männer zur Selbsthilfe. Eines Abends nach dem Abendessen packen alle an und befördern den Mist hinunter in den Garten. Anschließend verschwinden die Männer in der Waschküche, wo sie sich ihrer stinkenden Arbeitsanzüge entledigen und sich selbst waschen. Klara ist froh, daß der Mist vom Hof verschwunden ist. Nun brauchte sie ihn nur noch einzugraben.

Mimmi hat sie beobachtet. »Was du arbeiten kannst«, sagt sie bewundernd zu Klara. »Und dabei bist du ganz dünn. Du siehst richtig schlecht aus.«

In der Tat: Klara hat ein abgehärmtes Gesicht bekommen. Sie kann immer noch nicht gut essen, dazu fehlt ihr die Ruhe. Außerdem hat Tante Rickchen oft nur knapp eingekauft und gekocht, so daß für sie nicht viel übrig bleibt. Mimmi merkt das auch und schenkt Klara bei ihren Besuchen immer eine Leckerei, meistens sogar teure Pralinen. Einmal bringt Mimmi auch zur Sprache, daß Klara noch immer unter den rohen Dachziegeln schlafen muß.

»Der Winter steht vor der Tür«, sagt sie zu ihrer angehenden Schwiegermutter. »Da müßte doch das Dach innen verschalt werde. Klara kann sich da oben den Tod holen.«

Tante Rickchen pflichtet ihr bei. »Ja, weißt du«, erklärt sie ihr, »das Geld dafür kann ich noch nicht aufbringen. Vor dem Winter muß doch unbedingt noch der Hof gepflastert werden. Sonst versinken wir dort im Schlamm. Und dann können wir das Haus überhaupt nicht sauberhalten, weil die Männer soviel Dreck hereinschleppen werden.«

Schließlich hat Tante Rickchen eine Idee: Sie besitzt einige alte wattierte Decken, die soll Karl unter die Dachbalken nageln. Klara hat nun nicht mehr die ziegelroten Dachpfannen über sich, sondern grüne Wattedecken.

An einem Wochenende soll Klara bei Mimmis Eltern zu Gast sein; Mimmi hat bei Tante Rickchen diesen Besuch durchgesetzt. Schon früh am Morgen wird Klara von Mimmi abgeholt. Die Reise geht mit der Eisenbahn bis nach Mülheim, wo die beiden noch ein Stück weit mit der Straßenbahn fahren müssen. Klara ist noch nie in einer größeren Stadt und in einem solchen Geschäftshaus gewesen.

Mimmis Eltern betreiben einen Lebensmittelladen. Im unteren Stockwerk des schmalen Hauses liegt der Geschäftsraum. Im Schaufenster sind Plakate mit Werbung für Waschmittel zu sehen, aber auch Ankündigungen von Sonderangeboten. Außerdem steht im Fenster eine Heringstonne. Dahinter kann man den Ladentisch erkennen, auf dem eine Registrierkasse mit einer Drehkurbel thront, daneben steht eine Balkenwaage mit einem Satz Gewichtssteine. Hinter dem Tresen befinden sich Schubladen in einem Wandregal, in denen Mehl, Zucker, Linsen, Erbsen, Bohnen, Grieß, Haferflocken, Salz und noch vieles andere untergebracht ist. An der Seite hängen Papiertüten. Die werden gebraucht, um die verlangte Ware abzufüllen. In einer Ecke steht das große Ölfaß, aus dem man sich Speiseöl in eine mitgebrachte Flasche einfüllen lassen kann. Eine hölzerne Tonne enthält Latwerge, einen Brotaufstrich aus Zwetschen und Zuckerrübensirup.

Außerdem liegt ein dickes Buch auf dem Ladentisch. Hier hinein schreibt der Kaufmann, was die Kunden die Woche über geholt haben, ohne es zu bezahlen. Denn erst am Samstag bekommen viele Arbeiter ihren Lohn. Dann kommen die

Frauen mit Geld in den Laden und bezahlen, was sie die Woche über haben anschreiben lassen.

Klara atmet den Geruch von Kernseife, Hering, geräuchertem Speck und Bohnerwachs ein, der bis in die Wohnung der Familie in den oberen Räumen dringt. Mimmis Eltern und Schwestern bereiten der Kusine des angehenden Schwiegersohnes beziehungsweise des Schwagers einen freundlichen Empfang und bedauern lebhaft, daß Karl selbst nicht mitkommen konnte, da er Wochenenddienst hat.

Nach dem Kaffeetrinken besuchen alle den Tierpark in Duisburg. Klara kennt Elefanten bisher nur aus ihrem Schulbuch und freut sich darauf, einmal richtige lebendige Exemplare zu sehen.

Am nächsten Tag promenieren Klara, Mimmi und ihre Schwestern am Duisburger Rheinufer. Nachmittags bringt die Familie Klara zum Bahnhof. Sie wird eingeladen, bald wiederzukommen.

Weihnachten

Das Weihnachtsfest steht vor der Tür. Klara wird über die Feiertage nicht nach Hause fahren. Sie wird bis Ostern warten, um ihre Lieben daheim wiederzusehen. Katharina schreibt ihr fast jede Woche einen langen Brief, in dem sie ausführlich über alles berichtet, was daheim geschieht. Klara wiederum teilt ihrer Schwester alles mit, was sich in Altenvörde ereignet.

Tante Rickchen hat beschlossen, daß die Bescherung nicht mehr wie früher am 25. Dezember morgens stattfinden soll, sondern bereits am 24. Dezember am späten Abend, wenn Karl vom Dienst zurückgekehrt ist. Friedhelm kommt an diesem Tag ebenfalls zu einem kurzen Weihnachtsurlaub nach

Hause. Die vorgezogene Bescherung hat den Vorteil, daß am nächsten Morgen Zeit ist für den Gottesdienstbesuch. Außerdem möchte Karl am ersten Weihnachtsfeiertag mit Mimmi zusammensein.

Tante Rickchen hat sich in den Wochen vorher manchmal schon vormittags verabschiedet, um nach Hagen zu fahren. Was sie dort wollte, das hat Klara nur ahnen können.

Die Arbeiter haben am 24. Dezember schon mittags Feierabend gemacht und sind nach Hause abgereist. Zum Glück ist die Witterung bis Weihnachten mild geblieben, so daß die Arbeit nicht durch Frost und Schnee behindert wurde.

Tante Rickchen ist seit dem frühen Vormittag damit beschäftigt, ein üppiges Weihnachtsmahl herzurichten. Am Abend soll es Heringssalat geben. Die Heringe hat sie schon einige Tage zuvor gewässert. Jetzt werden sie geputzt, in kleine Stücke geschnitten und in Schlagsahne eingelegt. Klara schneidet Zwiebeln in Ringe, saure Gurken in kleine Würfel und raspelt Äpfel. Alles wird in einer großen irdenen Schüssel gut gemischt, mit einem Tuch abgedeckt und kühl gestellt. Dazu gibt es Salzkartoffeln. Zum Essen soll ein Punsch gereicht werden. Auch an den Nachtisch hat Tante Rickchen gedacht. Sie hat einen Vanillepudding zubereitet, der in der Form eines Fischs erkalten muß und dann – auf einen ovalen Teller gestürzt und mit Himbeersoße übergossen – aufgetragen werden soll.

Für den Festschmaus am ersten Weihnachtsfeiertag ist ein gespickter Rinderbraten vorgesehen. Tante Rickchen hat sich abgemüht, den Braten mit Speckstreifen zu durchziehen, die das oftmals trockene Rindfleisch zugleich würzen und mit Fett durchtränken sollen. Das ganze Haus riecht nach gebratenem Fleisch.

Klara muß das Anbraten vornehmen, weil Tante Rickchens Hände noch nach den Salzheringen riechen und sie verhindern möchte, daß am Ende der Rinderbraten nach Hering schmeckt. Zu diesem Braten wird es eine mit Rotwein verfeinerte Tunke geben, dazu Bohnengemüse und Reis.

Am Nachmittag schließt Tante Rickchen sich in der Wohnstube ein. Sie will den Weihnachtsbaum schmücken, und dabei braucht sie Ruhe. Selbst als ihr Sohn Friedhelm, den sie ja einige Monate nicht hat sehen können, das Haus betritt, kommt sie nicht gleich aus dem geheimnisumwitterten Weihnachtszimmer heraus. Friedhelm muß sich gedulden. Klara kocht ihm Kaffee und gibt ihm ein Stück Kuchen. Gegen Abend verläßt die Tante das Weihnachtszimmer, nicht ohne es sorgfältig zu versperren und den Schlüssel in Gewahrsam zu nehmen.

Klara hat inzwischen den Speiseraum festlich geschmückt und den Tisch gedeckt. Als dann auch Karl von seinem Dienst heimkehrt, ziehen sich alle noch einmal kurz zurück, um sich festlich zu kleiden. Dann kann das Festessen beginnen.

Tante Rickchen entzündet einige Kerzen und bittet zu Tisch. Sie spricht ein Tischgebet und legt dann das Essen vor, wie sie es gewöhnt ist, weil sie das ja jeden Tag bei den Arbeitern auch tut. Sie serviert die Salzkartoffeln und den Heringssalat und schenkt Punsch aus.

Zunächst genießen alle schweigend das Essen, dann jedoch erzählt Friedhelm von seinen Erlebnissen bei den Soldaten, und Karl gibt einige lustige Begebenheiten aus seinem Alltag als Straßenbahnschaffner zum besten. Alle müssen mehrfach zulangen. Es schmeckt vorzüglich, aber Klara kann auch heute nur wenig essen.

»Du ißt wie ein Spatz«, sagt Karl zu ihr.

»Was soll ich denn machen?« entgegnet Klara. »Ich kann doch auch nichts dafür, wenn ich immer gleich satt bin.«

Dann hebt Tante Rickchen die Tafel auf und bittet alle, in etwa einer halben Stunde vor dem Weihnachtszimmer zu erscheinen. In der Zwischenzeit wäscht Klara das Geschirr ab und deckt bereits den Frühstückstisch für den nächsten Morgen. Karl hilft ihr beim Abtrocknen, was Klara gar nicht gewöhnt ist, denn das Geschirrspülen gilt bei den Männern als typische Frauenarbeit.

»Morgen besuche ich Mimmi«, sagt Karl, und Klara merkt am Leuchten seiner Augen, daß er sich darauf freut, seine Braut zu sehen.

Nach dem Abwaschen ist Klara so müde, daß sie sich am liebsten in ihr Bett gelegt hätte. Aber nun kommt ja die von Tante Rickchen vorbereitete Bescherung. Ein leises Glöckchen klingelt, und die Tante öffnet die Tür zum Weihnachtszimmer.

Der Baum erstrahlt in festlichem Putz. Er ist mit brennenden Wachskerzen geschmückt. Silberne Streifen hängen an jedem Ast, sie sollen wohl Eiszapfen darstellen. Außerdem hängen viele silberne Kugeln am Baum. Bunte Ketten aus Glasperlen reichen von Ast zu Ast, und silberne Vögel mit langen Schweifen verstecken sich in den Zweigen. Auf dem Tisch im Wohnzimmer liegen Gegenstände, die aber mit einem großen weißen Tuch abgedeckt sind. Alle nehmen um den Tisch herum Platz.

Karl setzt sich an das Harmonium. Er spielt Weihnachtslieder und singt dazu, alle anderen singen mit. Außer »Stille Nacht« und »O du fröhliche« singen sie die beliebten Weihnachtslieder »Mit den Hirten will ich gehen«, »Am Weihnachtsbaume die Lichter brennen«, »Der Christbaum ist der schönste Baum«, »Fröhliche Weihnacht überall«, »Der Heiland ist geboren« und viele andere. Klara wundert sich, daß Tante Rickchen und ihre Söhne diese Lieder fast alle auswendig singen können.

Tante Rickchen schlägt die Bibel auf und liest die Weihnachtsgeschichte aus dem Lukasevangelium vor: »Es begab sich aber zu der Zeit ...« Anschließend spricht Karl ein Gebet. Er dankt dem Gottessohn, daß er sich nicht zu schade war, Mensch zu werden, daß er Armut, Verfolgung und schließlich den Tod eines Verbrechers auf sich nehmen wollte, um das Verhältnis zwischen Gott und Menschen wieder in Ordnung zu bringen. Dann rollt Tante Rickchen das weiße Tuch nach und nach auf, so daß die darunterliegenden Geschenke zum Vorschein kommen.

Zunächst muß Friedhelm seine Geschenke auspacken. Wer so lange von zu Hause fort war, hat das Recht, seine Geschenke zuerst zu bekommen. Tante Rickchen hat ihm ein Paar Socken gestrickt. Außerdem liegt dort ein wunderschönes weißes Oberhemd und ein silbernes Taschenmesser. Friedhelm ist überwältigt. Ein silbernes Taschenmesser, das ist ja eigentlich viel zu kostbar, als daß er es bei sich tragen dürfte.

Dann soll Klara ihre Geschenke auspacken. Tante Rickchen hat ein Buch für sie ausgesucht. Es heißt »Deutsches Mädchenbuch« und enthält viele schöne Geschichten und Ratschläge für Haus und Garten. Und dann ist da noch ein ganz dickes Päckchen für Klara. Es enthält karierten Baumwollstoff für ihre Aussteuerwäsche. Klara freut sich darüber. So etwas kann sie gut gebrauchen. Sie wird sich Bettbezüge daraus nähen lassen. Und dann, das nächste Päckchen – gehört das auch noch zu ihren Geschenken? Eine bauchige Wärmflasche aus Zink ist unter dem Geschenkpapier verborgen. Ja, die ist auch noch für Klara. Eine Wärmflasche wird sie im Winter gut gebrauchen können. Diese Wärmflasche sieht aus wie ein überdimensionales, etwas plattgedrücktes Ei mit einem Schraubverschluß. Dreht man den Deckel ab, dann kann man heißes Wasser einfüllen und die Flasche gut verschraubt eine Stunde vor dem Schlafengehen ins kalte Bett stellen.

»Du bist zu beneiden, Klara«, sagt Karl. »Wir haben von Mutter immer nur einen heißen Ziegelstein ins Bett bekommen. Der wurde im Ofen angewärmt.«

»Na und«, ereifert sich Tante Rickchen. »Sind eure Betten nicht immer schön warm gewesen?«

Für Karl liegen ebenfalls ein Paar Socken und ein wunderschönes weißes Oberhemd auf dem Gabentisch. Aber da ist auch noch ein kleines Päckchen. Das soll er öffnen. Was wohl darin ist? Vorsichtig packt er es aus. Er hält eine vergoldete Krawattennadel in der Hand. »Die sollst du bei deiner Hochzeit tragen«, sagt Tante Rickchen. »Die Krawattennadel, die noch von eurem Vater stammt, kann Friedhelm nehmen.«

Alle drei bedanken sich herzlich und umarmen und küssen Tante Rickchen.

Klara zieht ein Päckchen aus der Rocktasche. Sie hat für Tante Rickchen heimlich ein neues Nadelkissen gestickt, denn das alte aus dem Nähkästchen ist durch häufigen Gebrauch ziemlich zerstochen und häßlich geworden.

»Wann hast du das denn gemacht, Kind?« fragt Tante Rickchen erstaunt. »Davon habe ich ja gar nichts mitgekriegt.« Klara zuckt die Schultern. Wann sie das Nadelkissen gestickt hat, das weiß sie selbst nicht mehr zu sagen, denn freie Zeit ist immer rar gewesen. Die Tante freut sich.

Friedhelm holt eine Flasche Rotwein für die Mutter herbei. »Die ist nur für dich, Mutter«, sagt er. »Wenn du mal eine Stärkung brauchst.«

»Wie kannst du denn so viel Geld ausgeben«, schimpft Tante Rickchen scherzhaft. »Wo du doch beim Militär so wenig bekommst.«

»Ich habe es mir vom Munde abgespart, Mutter«, lacht Friedhelm. »Ich habe deswegen wochenlang Hunger leiden müssen.«

»Na, so siehst du ja nicht gerade aus«, meint Tante Rickchen.

Karl hat eine Schachtel mit teurem Konfekt für die Mutter gekauft. »Davon essen wir nachher gleich jeder eins«, schlägt die Tante vor. »Die anderen Pralinen hebe ich bis Ostern auf – oder vielleicht sogar bis zu Karls Hochzeit.«

Plötzlich läutet die Glocke an der Haustür. Alle horchen erstaunt auf.

»Wer wird denn jetzt noch zu uns wollen? Es ist doch schon spät«, wundert sich Karl. Er erhebt sich und geht zur Tür. Draußen steht einer der jungen Arbeiter, der sonst bei ihnen wohnt. Er scheint nicht ganz nüchtern zu sein.

»Tschuldigung«, murmelt er. »Meine Schwester wollte mich nicht haben. Seit meine Mutter nicht mehr lebt, weiß ich nicht, wo ich hin soll. Ich war in der Wirtschaft. Aber da machen sie jetzt zu. Da bin ich wieder hergekommen.«

Tante Rickchen hat gehört, was der junge Mann gesagt hat, und holt ihn ins Weihnachtszimmer. Es werden noch einmal Kerzen aufgesteckt, weil die ersten längst heruntergebrannt sind. Tante Rickchen schenkt dem jungen Mann ein Hemd ihres verstorbenen Mannes. Und als nachher die Schachtel mit dem Konfekt die Runde macht, darf der heimatlose junge Arbeiter selbstverständlich auch zugreifen. Zuletzt bereitet die Tante ihm noch ein Abendbrot, als sie erfährt, daß er noch nichts gegessen hat.

Klara ist todmüde. »Ich weihe meine neue Wärmflasche gleich ein«, sagt sie. »Und morgen lese ich in meinem Buch.«

Klara wird krank

Es ist Vorfrühling geworden. Klara freut sich, daß die Winterkälte vorbei ist. Im Januar hat es noch strengen Frost gegeben. Zwar sind die Arbeiter wegen der kalten Witterung zur Untätigkeit verurteilt, und die Pension bleibt deshalb fast leer – dennoch spürt Klara die Entlastung kaum, denn sie ist häufig müde. Schon morgens, wenn sie aufwacht und der Rauhreif ihres gefrorenen Atems über der Bettdecke liegt, fühlt sie sich wie gerädert. Dabei ist sie innerlich unruhig, hat ein schlechtes Gewissen, weil sie müde ist.

Dann bekommt sie eine Erkältung. Der sich anschließende kurze und trockene Husten will nicht weichen. Fieber stellt sich ein, was aber keinen Anlaß zur Besorgnis gibt, denn es ist nicht hoch.

»Du mußt jetzt einmal tüchtig schwitzen, Kind«, sagt Tante Rickchen, »dann bist du bald wieder auf dem Damm.« Die Tante gibt sich alle Mühe, Klaras Gesundheit wiederherzustellen. Sie kocht verschiedene Brusttees, macht heiße Brust- und Wadenwickel, flößt ihr Rotwein mit verquirltem Ei ein, was sonst jeden Kranken stärkt – aber alles ist vergebens. Klaras Zustand bessert sich nicht.

Auch der herbeigerufene Arzt weiß zunächst keinen Rat. Er verlangt schließlich, daß Klara ins Krankenhaus gebracht wird, um sich die Lunge durchleuchten zu lassen. Das Röntgenbild läßt den Verdacht auf eine Lungentuberkulose zu.

Der Arzt spricht mit Tante Rickchen. »Fräulein Klara muß sofort in eine Lungenheilstätte eingewiesen werden«, ordnet er an. »Ich werde alles Nötige in die Wege leiten. Sie sagten, das Fräulein stamme aus Hessen? Nun, dann wird ihr das heimatliche Klima am ehesten zuträglich sein. Ich werde Kontakt mit einer Heilstätte in Hessen aufnehmen.«

Klara ist wie betäubt. Tuberkulose, das ist doch dasselbe wie Schwindsucht! Hatte der junge Mann aus Oberschlesien nicht auch Schwindsucht gehabt? Und war das nicht eine sehr gefährliche Krankheit, eine, an der man sterben konnte, wenn man sie nicht früh genug erkannte? Der junge Mann hatte damals Blut gehustet. So etwas war bei ihr bisher nicht aufgetreten. Und trotzdem sollte sie die gefährliche Krankheit in sich tragen?

Einige Tage später bringt Karl seine Kusine nach Gießen in Oberhessen. Dort gibt es eine Heilstätte, die Seltersberg heißt. Klara soll dort vorstellig werden.

In der Lungenheilstätte

Klara wohnt nun mit fünf Frauen in einem Zimmer. Alle leiden sie an der Schwindsucht, der heimtückischen Krankheit, an der früher viele Menschen zugrunde gegangen sind. Heute, so hat der Arzt ihnen versichert, ist die Tuberkulose in den meisten Fällen heilbar. Wichtig ist allerdings, daß die Patienten der Krankheit gemäß leben. Und das sollen die Frauen hier lernen.

Als erstes bekommen sie eingeschärft, daß alle schädigenden Einflüsse ausgeschaltet werden müssen. Nikotin, so heißt der Stoff, der in Zigarren, Zigarillos und den neumodischen Zigaretten steckt, belastet die Lunge stark. Deswegen sind diese Dinge zu meiden. Aber damit haben die Frauen keine Probleme, denn das Rauchen ist ausschließlich Männersache. Anders ist es schon mit dem Alkoholgenuß. Es soll tatsächlich Frauen geben, die heimlich Schnaps trinken. Klara kann sich so etwas nicht vorstellen, aber es muß wohl so sein. Alkohol, so heißt der schädigende Stoff im Schnaps, aber auch im Wein, Bier oder Likör, sollten Lungenkranke ebenfalls nicht zu sich nehmen. Klara kann darauf gut verzichten, denn Bier und Schnaps mag sie sowieso nicht.

Morgens dürfen die Patienten lange schlafen. Nachts bleiben die Fenster geöffnet, denn frische Luft ist für die Heilung unbedingt erforderlich. Es gibt sehr gutes Essen, und alle werden genötigt, möglichst viel zu essen, damit sie zunehmen. Nach dem Frühstück sollen sie sich gleich wieder hinlegen. Wenn das Wetter es erlaubt, dürfen sie es sich auf einer Terrasse im Liegestuhl bequem machen. Ist es draußen zu kühl, müssen sie in der hellen, gut belüfteten Halle ruhen. Vor der Liegehalle gibt es eine Bibliothek, hier dürfen die Patienten Bücher ausleihen, denn schließlich können sie ja nicht dauernd schlafen.

Das Mittagessen ist wieder üppig, danach halten alle Mittagsruhe. Anschließend gibt es Malzkaffee und Kuchen oder Plätzchen – und dann wieder eine Ruhezeit. Manche Patienten dürfen auch im Park spazierengehen, allerdings soll sich niemand anstrengen, auf keinen Fall dabei außer Atem kommen. Nach dem Abendessen, bei dem sie wieder tüchtig zulangen sollen, halten sich die Patienten in verschiedenen Gesellschafts- oder Gruppenräumen auf, bis sie recht früh schlafen gehen.

Klara schläft anfangs fast ununterbrochen. Nach dem Frühstück sucht sie ihren Liegestuhl auf und legt sich dort nieder. Eine Pflegerin packt sie in eine kuschelige Wolldecke ein. Kaum liegt sie, da ist sie bereits eingeschlafen. Manchmal muß sie zum Mittagessen geweckt werden. Ach ja, mit dem Essen, das ist ein ständiger Kampf. Klara möchte gerne viel essen, bringt aber nicht viel herunter.

»Ihr Magen hat sich ganz zusammengezogen, Fräulein Klara«, scherzt eine Pflegerin. »Sie haben sich das Wenig-Essen angewöhnt. Jetzt muß Ihr Magen wieder gedehnt werden. Aber er wird sich an das Mehr-Essen auch gewöhnen.«

Klara gibt sich alle Mühe. Sie zwingt sich zum Essen, auch wenn sie das Gefühl hat, ihr käme gleich alles wieder hoch. Nach dem Essen sinkt sie todmüde ins Bett, und oft schläft sie nachmittags noch einmal. Nach einigen Wochen läßt die bleierne Müdigkeit nach. Klara fühlt sich munterer. Vielleicht haben die Tabletten, die sie jeden Tag schlucken muß, ihre Wirkung gezeigt? Sie fühlt sich erholt, und ihre Wangen sind richtig rund geworden.

»So ist es recht, Fräulein Klara«, sagt der Arzt jedesmal, wenn er sie sieht. »Sie können erst entlassen werden, wenn Sie dick und rund geworden sind.«

Nun wendet sich Klara auch den Zimmergenossinnen zu, die sie anfangs wegen ihrer Erschöpfung kaum beachtet hat. Die Frauen sind alle schon länger in der Heilstätte als Klara und sitzen viel zusammen, lesen sich gegenseitig vor, erzählen sich, was sie gelesen haben, handarbeiten. Einige Frauen stricken Jäckchen für ihre Kinder oder Westen für ihren Ehemann, andere arbeiten an einer großen Tischdecke. Einige haben sogar eine Gobelinstickerei angefangen, die sehr viel Zeit braucht – aber die Zeit haben sie ja. Klara hat sich eine Tischdecke gekauft, auf der ein Kreuzstichmuster aufgedruckt ist. Sie stickt es in blauen Farbtönen nach.

Eine Frau in mittleren Jahren wird ihre Freundin. Sie stammt aus dem Waldecker Land und spricht einen ähnlichen Dialekt, wie Klara ihn mit ihren Leuten gesprochen hat. Das verbindet die beiden irgendwie miteinander.

Sophie, so heißt diese Frau, strickt und häkelt fast ununterbrochen für ihre Familie. »Wenn ich schon nicht zu Hause sein kann, dann will ich doch wenigstens hier etwas Nützliches für meine Leute herstellen«, sagt sie und seufzt: »Sei froh, Klara, daß du keine Familie hast. In der Heilstätte zu sein und die Kinder daheim zu wissen, das ist bitter.«

»Du bist doch schon über vierzig Jahre alt, Sophie«, wundert sich Klara. »Wie kommt es denn, daß du noch drei kleine Kinder hast?«

»Wie kommt das wohl? Ich habe spät geheiratet. Mit meinem Anton war ich zwölf Jahre lang versprochen.«

»Zwölf Jahre lang verlobt?« Klara kann das nicht glauben.

»Na, weißt du, er hatte nichts, und ich hatte nichts. Als Magd hatte ich ja mein gutes Auskommen. Anton wollte schon eher heiraten, aber ich habe immer abgewehrt. ›Ich kann noch früh genug eine arme Frau sein‹, habe ich ihm geantwortet und die Hochzeit lange hinausgeschoben. Du siehst ja, Klara, wenn man erst in den Dreißigern heiratet, dann hat man in den Vierzigern noch kleine Kinder.«

Klara mag die einfache Frau, die einen unerschöpflichen Vorrat an Geschichten aus ihrer Region kennt und sie gerne zum besten gibt. Besonders angetan hat es Klara die Erzählung von den beiden Geschwistern und dem Geheimnis der Neujahrsnacht.

»Ich weiß diese Geschichte von meiner Urgroßmutter«, beginnt Sophie. »Sie hat mir von diesem merkwürdigen Geschwisterpaar erzählt, das da irgendwo im Nordwaldeckischen einen kleinen Hof bewirtschaftete. Er hatte nicht geheiratet, weil der Hof weitere Esser nicht hätte ernähren können – und eine Braut mit etwas Landbesitz hatte sich nicht gefunden. Sie war ledig geblieben, weil ihre Mitgift nur aus ein paar ärmlichen Fetzen Land bestanden hätte und sie zudem nicht die Schönheit aufwies, die einen reicheren Bauernsohn über den Makel der Armut hätte hinwegsehen lassen.

So waren also die beiden Geschwister einträchtig auf dem elterlichen Hof zusammengeblieben und hatten gemeinsam gewirtschaftet. Die Eintracht allerdings bestand nur nach außen hin. Die Freude ihres Daseins bestand hauptsächlich darin, sich gegenseitig das Leben schwerzumachen, denn insgeheim gab jeder dem anderen die Schuld, daß er keinen Ehepartner gefunden hatte. Sie glaubte, daß der Hannes sie genommen hätte, wenn sie alleinige Besitzerin des elterlichen Hofes gewesen wäre – er wiederum meinte, die Lisbeth aus dem Nachbarort hätte ihn zweifellos zu ihrem Eheherrn erkoren, wenn da nicht noch eine ledige Schwägerin, die vielleicht irgendwann zur Aussteuerung anstand, gewesen wäre.

Sie waren auch zu verschieden, die beiden. Die Schwester war eine treue Kirchgängerin, der Bruder machte sich nichts daraus und las statt dessen in den Werken eines Mannes namens Karl Marx. Die Schwester ging unter die Menschen, sie freute sich über Besuch und bewirtete ihn gerne, während der Bruder mit zunehmendem Alter die Menschen mied und den Besuchern jede Tasse Blümchenkaffee mißgönnte, die seine Schwester bereitwillig aufbrühte.

Je älter sie wurden, um so schlechter wurde das Verhältnis der beiden zueinander. Auf ihrem Hof ging alles seinen gewohnten Gang. Ihr Leben kannte keine Höhepunkte außer dem jährlichen großen Viehmarkt; ansonsten spielte es sich ab zwischen Feldarbeit, Stall, Kirchenbesuchen und Kasseler Sonntagsblatt für die Schwester und Feldarbeit, Stall und Karl Marx für den Bruder. Anfangs hatten sie sich noch oft gestritten: über die Bibel und das, was der Bruder da in dem Buch gelesen hatte. Dann hatten sie sich manchmal sogar angeschrien und waren sich einige Tage böse. Später kam so etwas nicht mehr vor. Lediglich die kleinen Schikanen, die dem Leben etwas Abwechslung verliehen, die behielten sie bei, ja sie verstärkten sie noch. Die Schwester ließ dem Bruder absichtlich das Essen anbrennen, und sie versteckte seinen Schnaps, während er ihr vorsätzlich Dreck in die Kammer brachte, ihr manchmal sogar die Waschbrühe verdarb und dergleichen mehr.

Von der Nachbarin hatte die abergläubische Schwester eines Tages gehört, daß in der Neujahrsnacht die Tiere reden könnten, ja sie seien sogar in der Lage, die Zukunft vorauszusagen – man müsse sie nur fragen. Die Schwester hatte zwar so etwas früher schon gehört, es jedoch nicht so recht glauben wollen. Aber die Nachbarin behauptete allen Ernstes, ihr Mann, der August, habe in der vergangenen Neujahrsnacht sich ein Herz genommen und sei in den Stall geschlichen. Und tatsächlich – die Kühe hätten miteinander gesprochen. Und er habe sie über die Zukunft ausfragen wollen, aber da hätte die Lise, die ältere der beiden Kühe, zu ihm gesagt, es habe gerade eins geschlagen, sie dürften jetzt nicht mehr sprechen, er solle aber im nächsten Jahr rechtzeitig nach Mitternacht zu ihnen kommen, da wollten sie ihm seine Fragen beantworten.

Die Schwester sah keinen Grund, an den Worten der Nachbarin zu zweifeln. Im Laufe des Jahres keimte in ihrem Herzen der Gedanke, in der kommenden Neujahrsnacht ebenfalls die Kühe über die Zukunft auszufragen. Das Jahr verging, wie jedes Jahr vergangen war; diesmal erschien es ihr aber ganz besonders schnell zu verfliegen.

In der Neujahrsnacht ging die Schwester wie gewohnt abends zur Ruhe. Sie schlief unruhig, denn sie hatte Angst, das mitternächtliche Einläuten des neuen Jahres zu überhören. Als die beiden Glocken erklangen, stand sie eilig auf, kleidete sich an, schlich die Treppe hinunter. Das konnte sie auch im Dunkeln, denn sie hatte niemals auf der Treppe eine Kerze benutzt, weil Kerzen nur unnötig Geld verschlangen.

Leise betrat sie den Kuhstall. Ihre beiden Tiere lagen still da, offensichtlich hatten sie noch nicht mit ihrem Zwiegespräch begonnen. Behutsam kraulte sie erst die eine, dann die andere Kuh. Sie schluckte. Dann nahm sie allen Mut zusammen. ›Darf ich euch etwas fragen?‹ stieß sie aufgeregt hervor. ›Frag nur‹, antwortete die eine Kuh gedehnt, aber dennoch in einer Stimmlage, die ihr irgendwie bekannt vorkam.

›Was wird das neue Jahr bringen?‹ fragte sie etwas ruhiger. Es entstand eine kleine Pause, bis die Kuh antwortete. ›Ja ... das neue Jahr ... bringt Trauer in dieses Haus.‹

›Trauer? Wird jemand ... sterben?‹

›Dein Bruder wird den nächsten Neujahrstag nicht mehr erleben.‹

›Mein Bruder ...‹

Sie war wie vor den Kopf geschlagen, wandte sich um und wankte aus dem Stall. Auf der Treppe mußte sie sich erst einmal setzen. Welch eine schreckliche Wahrheit hatte sie in dieser Nacht vernommen! Ihr Bruder würde binnen Jahresfrist sterben, und er selbst hatte keine Ahnung davon. Sie mußte es ihm sagen. Aber jetzt noch nicht. Sie würde ihn ruhig schlafen lassen, diese Nacht. Morgen würde sie ihm berichten, was die Kühe ihr enthüllt hatten.

In dieser Nacht fand sie wenig Schlaf, schon früh war sie wieder auf den Beinen. Sie beschloß, ihrem Bruder ein schönes Frühstück zu machen, es konnte immerhin sein letztes sein. Zu dumm, daß sie die Kühe nicht gefragt hatte, wann genau ... Weiter mochte sie nicht denken. Er war ein Ekel gewesen, zweifellos. Aber so früh, nein, das hatte er nicht verdient, oder doch? Auf jeden Fall würde sie ihm seine letzten Tage so angenehm wie möglich machen.

Als der Bruder den beinahe festlich gedeckten Tisch erblickte, wunderte er sich. Er sagte aber nichts. Sie hatte sogar Butter hingestellt, was sie sonst immer als Verschwendung betrachtet hatte. Und sie sagte gar nichts, als er kräftig hinlangte, die Gunst der Stunde nutzend. Er wunderte sich über ihren Blick, der so mild, so gar nicht wie früher, auf ihm ruhte. Was war los?

Er bedankte sich bei ihr, als er den Frühstückstisch verließ. Das machte sie erst recht wehmütig. Sie konnte einige Tränen nicht zurückhalten.

›Bist du krank?‹ fragte er. ›Ist irgend etwas mit dir?‹

Sie aber seufzte: ›Ach, es ist nichts‹, und lief rasch aus der Küche.

›Ich kann es ihm heute noch nicht sagen‹, überlegte sie. ›Ich werde ihm mit der Nachricht noch ein paar Tage Zeit lassen.‹

Und sie ließ sich wirklich Zeit. Nein, daß er bald sterben würde, das konnte man ihm beim besten Willen nicht anmerken. Er ging in den Wald, um Holz zu holen, wie das seit alten Zeiten üblich war, und er arbeitete wie immer. Wenn er jetzt kränklich gewesen wäre, dann hätte sie eher den Mut gehabt, ihm reinen Wein einzuschenken über das, was sie wußte. Aber so stark und gesund, wie er vor ihr stand?

Immer wieder mußte sie daran denken, daß seine Uhr bald abgelaufen sein würde. Und das veranlaßte sie, besonders freundlich zu ihm zu sein. Und auch er – obwohl er sich anfangs nicht erklären konnte, warum die Schwester seinen Schnaps nicht mehr versteckte – wurde zugänglicher und freundlicher zu ihr. Er ließ die schmutzigen Stiefel draußen und sprach hin und wieder ein nettes Wort zu ihr. Das Leben war für beide irgendwie angenehmer geworden. Das merkte die Schwester sehr bald. ›So wie es jetzt bei uns ist, so war es eigentlich noch nie‹, dachte sie. ›Und ausgerechnet dieses Jahr …‹

Inzwischen war der Frühsommer ins Land gekommen, der Bruder war stark und gesund und arbeitete wie ein Pferd. Er wies keinerlei Anzeichen von Hinfälligkeit auf. Im Gegenteil, er erschien ihr gesünder denn je. Noch immer hatte die Schwester nichts gesagt. Dann kam im Sommer der große Viehmarkt.

Zum Viehmarkt durfte man sich etwas erlauben. Man durfte auch mehr trinken, als es der Durst erforderte – schließlich war es das einzige Fest dieser Art im Jahr. Beide Geschwister machten sich auf den Weg zum Markt. Die Schwester erstand dort einen billigen Schürzenstoff, einige neue Messer und sonstige Küchengeräte, der Bruder bestaunte das aufgetriebene Vieh und tat sich nach neuen landwirtschaftlichen Geräten um. Man traf Verwandte und Bekannte, setzte sich bei einem Bier nieder und stand so schnell nicht wieder auf.

Gegen Abend machte sich die Schwester auf den Heimweg, der Bruder blieb noch im Festzelt. ›Bleib nur, wenn es dir gefällt‹, hatte sie bereitwillig gesagt und gedacht, daß es ja sein letzter Viehmarkt wäre.

Spät abends kam er heim. Infolge des unbekümmerten Biergenusses war seine Stimmung bestens. Er lachte so laut, daß sie aus dem ersten Schlaf auffuhr. So hatte sie ihn schon Jahre nicht mehr lachen hören. War etwas mit ihm? Sie warf sich ein Kleidungsstück über und lief ihm entgegen.

›Was lachst du denn so?‹ fragte sie ihn.

›Ach‹, kicherte er, ›du glaubst ja nicht, was mir unser Nachbar eben für eine Geschichte erzählt hat. Er hat gesagt, du wärst in der Neujahrsnacht im Kuhstall gewesen. Da hättest du die Kühe über die Zukunft befragt. Er hätte das aber von seiner Frau gewußt und sich in unserem Kuhstall versteckt. Und da hätte er dann geantwortet. Hahaha ... Und weißt du, was er dir gesagt haben will? Er behauptet, er hätte dir eingeredet, ich müßte in diesem Jahr sterben. Also ... hahaha ... was der Nachbar sich alles ausdenken kann, wenn er richtig betrunken ist ...‹

Der Bruder bemerkte nicht, daß die Schwester starr geworden war. Lachend verschwand er in seiner Stube. Sie bebte vor Zorn. Dieser Lump von Nachbar! Er hatte sie an der Nase herumgeführt, sich mit ihrer Ahnungslosigkeit einen Scherz gemacht. Na, dem würde sie morgen gewaltig den Marsch blasen. ›Wenn der erst nüchtern ist, kann er was erleben ...‹

Aber der Nachbar erlebte gar nichts. In dieser Nacht lag sie lange wach. Hatte der Nachbar mit seinem dummen Scherz nicht sehr viel Gutes bewirkt? War der Bruder nicht freundlich und umgänglich geworden, seitdem er freundlich behandelt wurde? Sie hatte festgestellt, daß es in letzter Zeit bei ihnen im Hause friedlich zugegangen war. So sollte es auch bleiben. Sie würde schweigen! Weder dem Nachbarn noch ihrem Bruder gegenüber würde je ein Sterbenswörtchen von jener denkwürdigen Neujahrsnacht über ihre Zunge gehen. – So hat es meine Urgroßmutter mir erzählt«, schließt Sophie.

Klara bedankt sich für diese Geschichte. »Ich will aus der Geschichte etwas lernen«, nimmt sie sich vor. »Ich will mir bei jedem Menschen, dem ich begegne, vorstellen, daß er nur noch wenige Tage zu leben hätte. Dann kann ich bestimmt besonders freundlich zu ihm sein.«

Die anderen Frauen wiegen bedenklich den Kopf. »Ob du so etwas schaffen kannst?« fragt eine Mitpatientin aus Homberg. »Wer weiß denn, wie viele Tage er selbst noch zu leben hat«, gibt eine andere Mitpatientin zu bedenken.

Kriegsausbruch

Das Leben in der Heilstätte geht seinen normalen Gang. Aufgeschreckt werden die Frauen durch eine grausame Zeitungsmeldung: Serbische Verschwörer hätten am 28. Juni 1914 in Sarajewo, einer Stadt irgendwo im fernen Österreich-Ungarn, den Thronfolger der Donaumonarchie erschossen. Und das schlimmste: Sie hätten auch seine Gattin, die ein Kind unter dem Herzen trug, ermordet. Fassungslos lesen sich die Frauen die Zeitungsmeldung vor, daß man in Serbien über die Ermordung des Thronfolgers und seiner Frau Freudentänze auf den Straßen aufgeführt hat.

»Einen Erwachsenen zu töten, aus was für Gründen auch immer, das ist schlimm«, da sind sich Klaras Zimmernachbarinnen einig. »Aber ein ungeborenes Kind mit zu ermorden, das ist das schlimmste Verbrechen, das man sich denken kann.«

»Hoffentlich zeigt ihnen der Kaiser in Wien, daß es so nicht gehen darf.«

»Er will ihnen ein Ultimatum stellen.«

»Was ist denn das?«

»Irgend etwas aus der Politik. Das ist Männersache.«

»Wenn die Übeltäter bestraft sind, dann wird sich doch alles bald wieder beruhigen.«

»Trotzdem, daß sie auf eine schwangere Frau geschossen haben, darüber kann ich nicht still sein!«

Sophie sagt: »Ich verstehe nicht, warum Menschen sich so etwas antun. Es gibt schon genug Krankheiten und Unglücksfälle auf der Welt. Warum müssen wir da noch selbst Leid hinzufügen?«

Die anderen Frauen schweigen.

Jeden Tag schreiben die Zeitungen nun von dem Mord in Sarajewo. Der Kaiser in Wien hat ein Ultimatum an Serbien gestellt. Das ruft die mit den Serben befreundeten Russen auf den Plan. Der russische Zar setzt seine Truppen in Alarmbereitschaft. Österreich-Ungarn erklärt Serbien den Krieg. Deutschland fühlt sich vom russischen Zar bedroht und erklärt Rußland den Krieg. Und weil Frankreich zu Rußland hält, erklärt der deutsche Kaiser auch den Franzosen den Krieg. Und nun beteiligen sich auch die Engländer. Die deutschen Truppen sind in Belgien einmarschiert, um von dort aus Frankreich anzugreifen. Das will Großbritannien nicht hinnehmen und erklärt nun seinerseits Deutschland den Krieg.

Plötzlich ist überall Krieg. Im Osten kämpfen deutsche Soldaten gegen die Russen, im Westen liegen sie den Franzosen gegenüber. Sie kämpfen tapfer für den Kaiser und die Heimat und treiben die Feinde überall in die Flucht. Fast jeden Tag läuten die Glocken – und das bedeutet immer, daß die Deutschen irgendwo eine Schlacht gegen die Feinde gewonnen haben.

Die Frauen in der Heilstätte werden von der Aufregung im ganzen Land angesteckt. Einige erzählen, daß ihre Brüder oder ihre Ehemänner den Gestellungsbefehl bekommen hätten und gegen die Franzosen kämpfen müßten. Einige Tage später erhält Klara einen Brief aus Altenvörde. Er kann nicht von Tante Rickchen sein, denn als Absender ist Wilhelmine G. angegeben.

Klara reißt den Brief auf und liest:

»Liebe Klara!
Du wunderst Dich sicherlich, daß ich Dir als Wilhelmine G. schreibe. Das hat aber seine Richtigkeit, denn Karl und ich haben am vergangenen Sonntag in aller Stille geheiratet. Es war eine Kriegstrauung, denn Karl muß morgen schon nach Frankreich. Unsere Hochzeit sollte eigentlich im Oktober sein. Nun haben wir den Termin vorgezogen, denn wir wissen nicht, ob Karl im Oktober Urlaub bekommen wird. Es ging

alles etwas schnell, aber Karl wünschte so sehr, daß wir noch heiraten, bevor er in den Krieg zieht.

Am Samstag sind wir auf dem Mülheimer Standesamt gewesen. Am Sonntag hat uns der Pfarrer um zwei Uhr nachmittags getraut. Es waren nur meine Eltern und Geschwister anwesend, ebenso meine Schwiegermutter und Friedhelm. Nach dem gemeinsamen Kaffeetrinken in meinem Elternhaus sind Karl und ich nach Altenvörde gefahren. Karl hat ein Wohn- und ein Schlafzimmer hergerichtet – das ist unsere Wohnung. Sie liegt im ersten Stock des Hauses, wo Du Deine Kammer hattest.

Unsere Pension ist fast leer. Nahezu alle Arbeiter mußten Soldaten werden. Ab morgen werde ich mit meiner Schwiegermutter allein hier wohnen. An die ländliche Gegend muß ich mich erst gewöhnen. Aber es ist auch schön, früh schon im Garten zu arbeiten und Hühner und Kaninchen zu füttern.

Bitte werde recht bald wieder gesund und komme mich besuchen.

Es grüßt Dich ganz herzlich
Deine Mimmi

P. S. Ich soll Dich ganz herzlich von Karl und meiner Schwiegermutter grüßen. Karl will Dir aus Frankreich schreiben.«

Brief aus Verdun

Ende September erhält Klara einen Brief von Karl. Sie hatte ihm zuvor geschrieben und zur Hochzeit gratuliert, allerdings bisher keine Antwort bekommen. Deshalb ist sie froh, nun endlich ein Lebenszeichen zu erhalten.

Karl schreibt:

»Liebes Bäschen!
Deine Glückwünsche zur Hochzeit habe ich endlich erhalten. Der Brief hat einige Zeit gebraucht, um mich zu erreichen. Als wir auf dem Vormarsch waren, hat es für uns Soldaten sowieso keine Post gegeben. Nun ist hier Ruhe eingekehrt. Wir liegen vor der kleinen Stadt Verdun, die zur Festung ausgebaut ist. Sobald wir Verdun genommen haben, kann es weitergehen nach Paris. Hier bei Verdun leisten uns die französischen Rothosen erbitterten Widerstand. Wir haben uns deshalb eingegraben. Der Feind hat das auch getan.

Du hast mich gebeten, Dir zu schreiben, wie es im Krieg zugeht. Nun, ich kann Dir berichten, was ich selbst vor acht Tagen erlebt habe, als ich in der Nacht Wache hatte. Unsere Batterie war in einem erhöhten Buschholz aufgestellt. Rundherum herrschte tiefstes Schweigen, nur ab und zu konnte man einen Gewehrschuß aus der Ferne hören. Da zerriß ein Kanonenschuß für einen Augenblick die Stille. Der Schall verriet uns, daß es sich um ein deutsches Geschütz handeln mußte. Durch den Fernsprecher erhielten wir fast zur gleichen Zeit den Befehl zum Feuern. Zuerst hörte man das anhaltende eiserne Rollen der kleinen Geschütze, untermischt mit den schweren Schlägen der großen Kaliber, dann setzten die Taktschläger zu der überlauten Kriegsmusik regelmäßig ein und ließen ihre Haubitzgranaten und Mörserbomben wettern, die ihre Ziele nicht verfehlten. Eine solche Kanonade kann stunden- und tagelang anhalten.

Dann beginnt der Sturm der Infanterie auf die feindliche Stellung. Dem Feind schlägt ein mörderisches Feuer von Infanterie- und Maschinengewehren entgegen. Das Krachen, Dröhnen, Donnern und Surren der Geschosse vereinigt sich zu einem Getöse, als sollte die ganze Welt in Trümmer gehen. Die Erde erbebt, die Luft erfüllt sich mit Rauch, Dampf und

Staub. So ist das jedesmal, aber besonders schlimm war es an dem Tag, von dem ich Dir gerade berichte. Dann kam der Nahkampf, der in ein Handgemenge überging, bei dem Handgranaten, Bajonette und Gewehrkolben die Hauptrolle spielten. Da ging es um Siegen oder Untergehen. In dieser höchsten Gefahr kam es mir vor, als wenn ich übermäßige Kräfte hätte. Ich hatte fast einen ›Rausch‹.

Nach dem harten Ringen kam der Kampf zum Stehen. Ein Teil der Gegner warf die Gewehre fort und gab sich gefangen. Die anderen wandten sich zur Flucht. Wir erbeuteten fünf Maschinengewehre und zweihundertachtundsechzig Gefangene. Das war ein großer Erfolg, bei dem wir auch etwas Gelände eroberten. Dann ging das Fragen nach den Kameraden los, nach den Gefallenen und Verwundeten. Aber darüber schreibe ich Dir nichts mehr, das ist nichts für Mädchen.

Liebes Bäschen, Du hast mich gefragt, ob ich Angst habe. Ehrlich gesagt, manchmal habe ich wirklich Angst. Ich weiß ja, daß mein Leben in Gottes Hand liegt und daß mit dem Sterben nicht alles aus ist, sondern daß es ein ewiges Leben gibt. Trotzdem wäre ich glücklich, nach dem hoffentlich baldigen Ende dieses Krieges wieder unversehrt nach Hause zu meiner Frau zurückkehren zu dürfen. Aber das liegt in Gottes Hand, und da liegt es gut. Werde nur recht bald ganz gesund!

Es grüßt Dich ganz herzlich
Dein Vetter Karl.«

Weihnachten daheim

Anfang Dezember bittet der Arzt Klara zu einem Gespräch. Klara hat Angst davor – ob er ihr etwas Schlimmes mitteilen wird? Aber dann erlebt sie eine freudige Überraschung.

»Fräulein Klara, ich bin sehr zufrieden mit Ihrem Krankheitsverlauf«, sagt der Arzt. »Wir können Sie mit gutem Gewissen zu Weihnachten nach Hause entlassen. Aber einiges muß ich Ihnen mit auf den Weg geben. Sie dürfen sich in Zukunft nicht wieder so überarbeiten, wie Sie das bisher getan haben. Sie müssen Anstrengungen meiden und immer gut leben.«

»Gut leben?« fragt Klara.

»Gut leben bedeutet, daß Sie reichlich essen und dabei viele Milchprodukte zu sich nehmen. Aber das haben Sie ja in den vergangenen Monaten hier bei uns in der Heilstätte gelernt.«

Klara nickt: »Ja, Herr Doktor! Käse, Quark, Vollmilch und Buttermilch sind wichtig für die Ernährung der Lungenkranken. Sie enthalten Kalk, der den gefährlichen Bazillus bekämpft.« Denn, das alles weiß Klara, der Bazillus ist nicht etwa tot, sondern er hat sich in die Lunge zurückgezogen und ist dort eingekapselt. Eine dicke Schicht aus Kalk umgibt ihn. Die darf nicht brüchig werden, denn dann könnte der Bazillus wieder herauskommen und die Krankheit erneut ausbrechen. Deswegen muß sie sich kalkreich ernähren, dann besteht keine Gefahr.

Klara ist glücklich, daß sie wieder nach Hause darf. Der Arzt erlaubt ihr sogar, allein die Heimreise mit der Bahn anzutreten. Auf dem Bahnsteig erlebt sie, wie ein Zug mit Soldaten an die französische Front abfährt. Frauen und Kinder winken und jubeln den abfahrenden Männern zu, einige werfen ihnen noch Blumensträuße in die geöffneten Coupéfenster. Klara winkt ihnen selbstverständlich auch zu. Aber dann erinnert sie sich, was Karl ihr von den Kämpfen an der Front geschrieben hat. Und da hört sie auf zu jubeln und winkt nur noch ein ganz klein wenig.

In Sachsenhausen, so hat sie es mit dem Vater vereinbart, soll sie abgeholt werden. Und richtig, da steht er mit den Pferden am Bahnhof. Katharina sitzt mit auf dem Wagen, und auch der kleine Christian ist dabei, um die große Schwester heimzuholen.

Katharina stürzt auf Klara zu und umarmt sie. »Was bin ich so froh, daß du wieder da bist, Schwesterchen«, weint und lacht sie gleichzeitig. »Ohne dich ist es überall nur halb so schön.«

Klara schaut den kleinen Bruder an. »Du bist ja in der Zwischenzeit ganz schön gewachsen, Christian«, sagt sie, beugt sich zu dem Brüderchen und küßt es auf die Wangen. Christian schaut sich verstohlen um. Hoffentlich hat das niemand gesehen, man läßt sich doch nicht in aller Öffentlichkeit küssen!

Der Vater umarmt seine große Tochter stumm. »Ich bin Gott dankbar, daß ich dich gesund wiederhabe, mein liebes Kind«, sagt er schließlich. Klara bemerkt, daß in seinen Augen Tränen stehen. Verstohlen wischt sich der Schulze über die Augen.

»Sind daheim alle gesund?« will Klara wissen.

»Mach dir keine Sorgen! Alle warten schon auf dich.«

Klara muß auf die andere Seite der Straße blicken, dahin, wo die Schreinerei liegt. Aber der hübsche Christian ist heute nicht zu sehen. »Es sind keine Menschen auf der Straße«, sagt Klara mehr zu sich selbst als zu den anderen.

Katharina scheint zu wissen, warum Klara nach der Schreinerei schaut. »Die jungen Burschen sind doch alle im Krieg«, sagt sie.

Klara schluckt. Sie hat nicht damit gerechnet, daß auch der Christian, von dem sie in der Heilstätte manchmal geträumt hat, in den Krieg ziehen mußte. Irgendwie ist sie unruhig deswegen. Sie wird dafür beten, daß er gesund zurückkehrt. Aber bald, so steht es ja in allen Zeitungen, werden die Feinde besiegt sein, und dann wird es Frieden geben. Alle Soldaten werden heimkommen und als Helden gefeiert werden, und Karl und Christian werden in den vordersten Reihen der heimkehrenden Helden zu finden sein …

Auf dem heimischen Hof ist alles festlich geschmückt. Die Mutter und die Geschwister warten schon an der Haustür. Sogar ein Kuchen steht auf dem Tisch – weil Klara endlich wieder daheim ist.

Klara muß stundenlang erzählen. Eltern und Geschwister möchten ganz genau wissen, was Klara alles in der vergangenen Zeit erlebt hat. Abends muß sie Katharina noch ausführlich von Karl und Mimmi erzählen.

Das Weihnachtsfest wird diesmal besonders schön. Obwohl es wegen der Knappheit des Geldes nur ganz kleine Geschenke gibt, freuen sich alle, gesund beieinander zu sitzen und die alten Weihnachtslieder zu singen. Es ist Sitte, daß der Schulze jedes Jahr zu Weihnachten eine kleine Andacht hält. Er schließt ein Gebet an, dankt Gott für Klaras Heilung und dafür, daß sie nun wieder daheim sein darf.

In der Nachbarschaft

Die Arbeitskräfte im Dorf sind knapp. Fast alle Männer mußten in den Krieg ziehen, nur Greise und Kranke sind noch daheim. Der Schulze brauchte wegen seines Amtes nicht einzurücken. Nun hilft er, wo er kann, denn die Höfe müssen von Frauen, Kindern und alten Leuten bewirtschaftet werden.

In der Nachbarschaft ist eine junge Frau niedergekommen. Die Geburt war schwierig, und die Mutter braucht einige Zeit, um sich zu erholen. Auf dem Hof leben außerdem die drei anderen kleinen Kinder und die alten Schwiegereltern der jungen Bäuerin sowie eine ältere Magd. Der junge Bauer ist irgendwo im Krieg.

Die alte Bäuerin kommt bald nach dem Jahreswechsel zu Klara. »Die Marie kommt immer noch nicht auf die Beine«, sagt sie zu Klara. »Unsere Magd, die Lise, hat alle Hände voll im Stall zu tun. Und ich, ich will ja gerne tun, was ich kann, aber ich habe überall die Gicht. Und mein Mann macht manchmal schon dummes Zeug.«

Klara ahnt, was die Nachbarin von ihr will.

»Könntest du denn nicht wenigstens die Kinder versorgen? Das klappt bei uns jetzt überhaupt nicht. Und nach der Marie muß auch immer jemand sehen. Komm doch für einige Zeit herüber zu uns. Du sollst deinen Lohn haben.«

Die Mutter hat die Bitte der Nachbarin gehört. »Klara ist lange krank gewesen«, sagt sie. »Zwar ist sie jetzt gesund, aber sie soll sich vor schwerer Arbeit hüten.«

»Schwer arbeiten braucht sie doch nicht«, wehrt die alte Bäuerin ab. »Sie soll nur die Kinder und die Marie versorgen, damit die Lise in den Stall kann.«

Klara meint: »Mutter, ich denke, dazu bin ich wirklich kräftig genug. Es ist doch nötig, daß sich jemand um die Familie kümmert.«

»Aber es wäre mir lieb«, wendet Mutter Anna ein, »wenn du zum Schlafen nach Hause kommen könntest.« Und augenzwinkernd fährt sie fort: »Dann kann ich besser überwachen, ob du auch immer genügend gegessen hast.«

»Das läßt sich ohne weiteres einrichten«, freut sich die alte Nachbarin. »Wenn Klara morgens um sieben kommt und abends um sieben geht, dann ist uns schon sehr geholfen.«

Klara geht noch am selben Tag ins Nachbarhaus. Hier ist wirklich dringend Hilfe geboten. Marie ist eine kräftige, gesunde Frau gewesen, die ohne Schwierigkeiten drei Kinder geboren hat. Bei der letzten Niederkunft ist aber irgend etwas schiefgegangen. Die junge Frau siecht dahin, kann sich einfach nicht erholen.

Klara badet zunächst einmal die drei älteren Kinder, die ziemlich vernachlässigt sind. Das kleine Mariechen ist sieben Jahre alt, Ludwig ist fünf und Heinrich vier; dazu kommt der neugeborene Wilhelm. Ludwig und Heinrich tragen noch Röckchen wie die Mädchen, erst wenn für Ludwig die Schule anfängt, wird er eine richtige Hose bekommen. Mariechen geht das erste Jahr zur Schule und freut sich, daß Klara ihr bei den Hausaufgaben hilft. Sie muß Buchstaben auf ihre Schiefertafel schreiben.

»Ich soll auch endlich das Schulscheit mitbringen, hat der Lehrer gesagt«, erfährt Klara von Mariechen. Das »Schulscheit« ist ein Stück Brennholz. Reihum müssen die Kinder Brennholz mit in die Schule bringen, damit der Schulsaal geheizt werden kann. Das Scheitholz muß der Lehrer selbst zersägen und zerhacken – und frühmorgens vor Beginn des Unterrichts den Ofen im Klassenzimmer anheizen, damit es warm ist, wenn die Kinder kommen. Klara läßt am Abend noch von ihren Brüdern das Schulscheit für Mariechen zum Lehrer bringen.

Klara hat in der Heilstätte gelernt, was kräftigende Kost ist. Sie kocht jetzt für die Wöchnerin Rindfleischsuppen, gibt ihr Eierspeisen und viel Quark, den Marie bei ihrer Appetitlosigkeit am liebsten ißt. Klara bleibt bei Marie am Bett sitzen und plaudert mit ihr, bis sie gegessen hat. Sie wäscht die Kranke jeden Tag von Kopf bis Fuß und bettet sie frisch. Allmählich erholt sich Marie und kann stundenweise das Bett verlassen. Klara soll aber auf alle Fälle noch dableiben, bis die junge Mutter wieder ganz gesund ist.

Den kleinen Wilhelm versorgt Klara gerne. Zum Glück braucht sie keinen Brei für ihn zu kochen, da Marie genügend Milch hat, um ihn zu stillen. Mit den älteren Jungen spielt sie nachmittags, oder sie erzählt ihnen Geschichten. Das Wetter ist schlecht, die Witterung bleibt kühl und regnerisch, so daß die Kinder oft im Haus spielen müssen.

Einen Rückschlag erleidet Marie, als ihr mit der Post mitgeteilt wird, daß ihr Mann in russische Kriegsgefangenschaft geraten ist. »Die Russen sind halbe Wilde«, jammert Marie. »Es hat schon geheißen, daß sie den Gefangenen die Hände abhacken. Oder daß sie sie verhungern lassen. Irgendwo habe ich auch schon gelesen, daß sie Menschen schlachten und essen.«

Klara kann sich so etwas nicht vorstellen. »Das ist ja Unsinn, Marie«, sagt sie. »Denk doch mal, die Zarin in Rußland ist doch eine hessische Prinzessin! Sie stammt aus Darmstadt. Glaubst du, die läßt zu, daß ihre Landsleute geschlachtet und gegessen werden?« Da beruhigt sich Marie.

Erst im Frühsommer ist Marie soweit wiederhergestellt, daß sie auf Klaras Hilfe verzichten kann. Die Betreuung der Kinder hat Klara Freude gemacht. »Es ist schön, Kinder zu haben«, denkt sie. »Ich kann mir vorstellen, auch einmal viele Kinder zu haben.«

Briefe aus Altenvörde

Noch als Klara bei Marie aushilft, erreicht ein Brief aus Altenvörde die Familie. Tante Rickchen schreibt, sie hat einen frohen Anlaß.

»Ihr Lieben alle!

Möchte Euch nur mitteilen, daß Mimmi einem gesunden Töchterchen das Leben geschenkt hat. Die Kleine hat den Namen Ruth erhalten. Mimmi ist wohlauf. Karl hat bisher keinen Fronturlaub gehabt, wird ihn aber aufgrund der Geburt seiner Tochter erhalten und bald bei uns sein. Friedhelm ist nun an der Front in Flandern. Wir hoffen, daß der Krieg bald vorbei ist. Wie ich erfahren habe, geht es Klara gut.

Wir hoffen auf ein frohes Wiedersehen und verbleiben
mit lieben Grüßen
die kleine Ruth, Mimmi und Tante Rickchen.«

Einige Wochen später schickt Mimmi einen Brief mit schwarzem Rand. Klara weiß, was darin steht, noch bevor sie ihn geöffnet hat. Es ist eine Todesanzeige, Karl ist vor Verdun auf dem Feld der Ehre gefallen. Mimmi, gerade mal ein Jahr mit Karl verheiratet, ist schon Witwe. Und die kleine Ruth wird ihren Vater niemals kennenlernen. Abgesehen von den drei Tagen Urlaub zum Besuch seiner neugeborenen Tochter haben Karl und Mimmi nur knapp eine Woche zusammenleben können. Dann kam der Krieg, der für den fröhlichen Karl zugleich Tod bedeutete.

Klara setzt sich in eine Ecke und weint. Sie hat Karl gemocht. Als Katharina den Brief sieht, kommen ihr ebenfalls die Tränen. Nach einer Weile sagt sie: »Ich habe ihn sehr lieb gehabt. Nie hätte ich einen anderen Mann haben wollen als ihn.«

Klara streichelt die Hand der Schwester. »Ich muß Mimmi schreiben. Sie hat die kleine Ruth. Ihr Kind ist ein Andenken an Karl. Das muß ich ihr schreiben. Das tröstet sie vielleicht.«

Katharina seufzt. »Schreibe ihr auch, daß wir alle mit ihr um Karl trauern.«

Am Abend sprechen die beiden Schwestern noch lange miteinander. »Sieh mal, Katharina«, sagt Klara, »wenn Karl nun dich hätte heiraten wollen, dann hätte er noch warten müssen, weil du so jung bist. Dann wärst du noch gar nicht mit ihm verheiratet gewesen.«

»Er wäre dann höchstens mein heimlicher Bräutigam geworden.«

»Dann hättest du jetzt deinen Bräutigam verloren.«

»Siehst du! Und weil ich ihn wirklich liebhatte, deswegen ist es kein Unterschied, ob er mit Mimmi verheiratet war oder nicht. Ich habe mir immer gesagt, daß ich keinen anderen will als ihn. Jetzt wäre ich auch alleine, wenn er mein Bräutigam oder Mann gewesen wäre.«

Klara drückt die weinende Schwester an sich.

»Ich will niemals heiraten, Klara«, sagt Katharina. »Ich bleibe bei dir.«

»Sag so etwas nicht, Trinchen! Vielleicht lernst du bald einen netten Mann kennen, den du heiraten magst.«

»Einen netteren als Karl gibt es nicht! Ich bleibe deshalb bei dir.«

»Aber ... wenn ich nun heiraten würde?«

»Das macht doch nichts! Ich will trotzdem dein treues Schwesterlein bleiben.«

Klara in Sachsenhausen

Immer mehr Männer, sogar die älteren, müssen in den Krieg. Immer schwieriger wird es für die Zurückbleibenden, die Felder zu bestellen. Auch das »normale« Leben ist stark beeinträchtigt. Die jungen Lehrer sind fort, ebenso die Bahnschaffner, die Postboten ... In jedem Ort sind jetzt Gefallene zu beklagen.

Eines Tages erfährt der Schulze, daß der Stationsvorsteher des Bahnhofs von Sachsenhausen dringend eine Haushälterin sucht. Die Tochter, die ihm und seiner gehbehinderten Frau bisher den Haushalt führte, hat nach Arolsen geheiratet. Auch der junge Schaffner an der Bahnsperre mußte in den Krieg. Nun hat der Stationsvorsteher die doppelte Arbeit. Nach dem Wegzug der Tochter hat er seiner Frau erst noch ein wenig zur Hand gehen können, aber das ist nicht länger möglich, denn er ist fast rund um die Uhr im Dienst.

Der Schulze fragt Klara, wobei es ihm selbst nicht recht ernst zu sein scheint, ob sie nicht Lust hätte, in Sachsenhausen bei dem Stationsvorsteher als Haushaltshilfe in Stellung zu gehen. Sie würde einen ordentlichen Lohn erhalten und mit im Bahnhofsgebäude wohnen.

»Ich kann es mir eigentlich nicht vorstellen, daß du in Sachsenhausen eine Stellung annehmen willst, Klara«, sagt der Schulze, »denn dort ist es lange nicht so schön wie hier bei uns. Du findest sicherlich auch eine Stellung in der Nähe. So schnell brauchst du ja von zu Hause nicht fortzugehen, wir haben auch hier alle Hände voll zu tun.«

Aber Klara hat nichts gegen Sachsenhausen. Im Gegenteil, als sie erfährt, daß sie im Bahnhofsgebäude wohnen soll, da ist sie Feuer und Flamme.

»Denk dran, daß dort viele Züge vorbeikommen«, gibt die Mutter zu bedenken. »Die werden dich nachts aus dem Schlaf schrecken.«

Katharina weiß, warum Klara keine Abneigung gegen eine Arbeit in Sachsenhausen hat. Sie sagt: »Mir gefällt die kleine Stadt. Und vor dem Geräusch der Eisenbahnen hätte ich keine Angst. Daran gewöhnt sich Klara bestimmt.«

»Das klingt ja fast so, als ob *du* nach Sachsenhausen gehen wolltest, Katharina.«

»Das will ich auch, Vater«, sagt Katharina. »Aber bei dem Bahnhofsvorsteher in Stellung gehen, das kann ich nicht. Dafür ist Klara besser geeignet. Ich arbeite lieber irgendwo als Stallmagd.«

Klara reist einige Tage später nach Sachsenhausen, wo sie von der Frau des Bahnhofsvorstehers freudig begrüßt wird. Sie bekommt ein freundliches kleines Zimmer zugewiesen, allerdings blickt man vom Fenster aus nur auf die Eisenbahnschienen und den gegenüberliegenden Abhang.

Der freundliche Bahnhofsvorsteher, der ihr schon bei der Abreise nach Altenvörde aufgefallen ist, wird nun ihr Dienstherr. Klara soll seiner Frau im Haushalt zur Seite stehen, die Einkäufe erledigen, die Wohnung sauberhalten, sich um die Wäsche kümmern, aber auch den Garten versehen und das Kleinvieh versorgen.

Bei dem Ehepaar Kleinschmidt hat Klara es gut. Nach wenigen Tagen schon fühlt sie sich fast wie zur Familie gehörig. Frau Kleinschmidt selbst hat sich vor einigen Jahren bei einem Sturz einen Knöchel so verletzt, daß sie nur mit Schmerzen und hinkend zu laufen vermag. Besonders nachteilig ist es für sie, daß sich die Dienstwohnung für den Stationsvorsteher im ersten Stock des Bahnhofsgebäudes, also über Wartesaal und Schalterraum befindet. Es bereitet ihr große Mühe und zweifellos auch viele Schmerzen, die hohe Treppe hinauf- oder herunterzusteigen. Sie übernimmt die Arbeiten, die sie im Sitzen am Küchentisch verrichten kann, während Klara alles erledigt, was Beweglichkeit der Füße voraussetzt.

In kürzester Frist hat Klara die Wohnung gründlich gereinigt, den verunkrauteten Garten in Ordnung gebracht und den Hühnerstall gesäubert. Sie hat sogar noch einen Teil des angelieferten Brennholzes gehackt und in den Holzschuppen geräumt – obwohl das ihre Mutter nicht erfahren darf, weil der Arzt ihr weiterhin schwere körperliche Arbeit verboten hat.

Besonderes Augenmerk richtet Klara auf die Hühner. »Mir ist aufgefallen, daß wir von zwölf Hennen nur zwei bis drei Eier am Tag haben«, sagt Klara nach ein paar Tagen zu Frau

Kleinschmidt. »Eigentlich müßten wir doch mindestens sechs bis acht Eier finden.«

»Ja, Fräulein Klara«, sagt Frau Kleinschmidt, »das gibt mir auch zu denken. Ich kann es mir aber nicht erklären. Die Hühner haben gutes Körnerfutter, viel Grünes. Ich weiß nicht, was ihnen fehlt. Es wundert mich auch, daß in diesem Jahr keine Henne brüten wollte.«

»Könnte es daran liegen, daß die Hennen zu alt sind?«

»So alt sind sie doch gar nicht. Höchstens vier oder fünf Jahre.«

Klara kann sich ein Lachen nicht verbeißen. »Dann ist es aber wirklich kein Wunder, Frau Kleinschmidt, daß wir fast keine Eier mehr bekommen. Die Hennen sind ja viel zu alt.«

»Meinen Sie wirklich, Fräulein Klara?«

»Wir müssen sehen, daß wir bald kleine Hühnchen bekommen. Und die alten müssen nach und nach in den Topf.«

»Wer soll die Hühner denn schlachten? Früher hat das immer der Christian aus der Schreinerei gegenüber für uns gemacht, aber der ist jetzt im Krieg, der gute Junge ...«

»Machen Sie sich keine Gedanken, Frau Kleinschmidt. Das Hühnerschlachten habe ich daheim gelernt. Das besorge ich schon.«

»Fräulein Klara! Daß Sie so robust sind, kann ich mir gar nicht vorstellen.«

»Na ja robust! Was heißt das schon? Ich bin auf einem Bauernhof großgeworden. Da gehört das Schlachten einfach dazu.«

Der Bahnhofsvorsteher reibt sich insgeheim die Hände, weil er mit Klara einen guten Griff getan hat. Seine Frau, die aufgrund ihrer Gehbehinderung manchmal trübsinnig zu werden drohte, ist wieder fröhlicher geworden. Fräulein Klara liest ihr aus der Zeitung vor, plaudert mit ihr über alles, was es in Küche und Keller zu erledigen gibt, berichtet ihr die Neuigkeiten aus dem kleinen Ort und macht es möglich, wieder

Gäste ins Haus zu laden, so daß seine Frau nicht mehr das Gefühl haben muß, abseits vom Leben zu stehen.

Klara hat inzwischen die Bekanntschaft von Christians drei Schwestern Mariechen, Lina und Emma gemacht. Die Mädchen sind etwas jünger als sie und gehen bis auf Lina noch zur Schule. Johannette lädt Klara zum Kaffeetrinken ein. Sogar August benimmt sich anfangs höflich gegenüber Klara, schließlich ist sie die Tochter eines angesehenen Schulzen.

Johannette erfährt nun von Klara, daß bei ihr daheim im Hause des Schulzen jeden Sonntagnachmittag Bibelstunden abgehalten werden. Darüber freut sie sich. Sie erzählt ihr von den Versammlungen in Sachsenhausen und lädt sie ein, mit ihr dorthin zu gehen. Klara schließt sich Johannette an. Als August bemerkt, daß Klara auch zu den »Frommen« gehört, ändert sich sein Verhalten ihr gegenüber. Er will nichts mehr von ihr wissen.

Eine große Freude bedeutet es für Klara, als Katharina eine Stelle als Stallmagd in Sachsenhausen antreten kann. Sie arbeitet auf einem Hof, der von einer jungen Bäuerin – zusammen mit ihrer Mutter und Tante – mehr schlecht als recht bewirtschaftet wird. Der Jungbauer ist als Soldat im Krieg. Zunächst war er, als einziger Mann auf dem Hof, vom Kriegsdienst zurückgestellt worden. Aber darauf wird jetzt keine Rücksicht mehr genommen.

Nun sehen sich die Schwestern – zwar oft nur kurz, aber doch täglich. Manchmal nehmen sie Frau Kleinschmidt zwischen sich und gehen mit ihr im Ort spazieren.

Christian

Nach ein paar Tagen fragt Katharina: »Sag mal, was gibt es denn Neues über den Christian? Den aus der Schreinerei.«

Klara antwortet hastig: »Was geht mich der denn an? Glaubst du, ich würde seine Mutter nach ihm fragen?«

»Ja, warum nicht? Es ist doch keine Schande, sich nach einem Nachbarn zu erkundigen!«

»Was sollen die denn von mir denken? Die Nachbarn könnten ja meinen, ich würde mich für den Christian interessieren.«

»Na, das tust du doch auch!«

»Ach du!«

Eine Weile schweigen die Schwestern. Dann beginnt Katharina von neuem. »Ich habe es doch längst gemerkt, daß du den Christian gerne siehst.«

»Aber ich kenne ihn doch gar nicht richtig.«

»Trotzdem! Du hast ihn bei der Abreise nach Altenvörde schon so merkwürdig angesehen.«

»Ich? Unsinn! Warum sollte ich ihn denn merkwürdig angesehen haben?«

»Na, weil er dir gefallen hat. Er hat dich aber auch dauernd angeguckt.«

»Meinst du?«

»Warum fragst du seine Mutter nicht einmal, wie es ihm geht? Er schreibt doch bestimmt manchmal aus dem Feld.«

»Das traue ich mich nicht.«

Klara braucht Christians Mutter gar nicht zu fragen, denn ein paar Tage später kommt er selbst überraschend nach Hause. Eine unerhebliche Verwundung – der linke große Zeh ist zertrümmert – bedeutet, daß für ihn der Krieg zu Ende ist. Die Wunde ist zwar rasch geheilt, doch kann er seitdem nicht mehr lange marschieren, schon gar nicht in Soldatenstiefeln. Er ist vorläufig ausgemustert und darf zu Hause bleiben.

Klara trifft Christian in der Schreinerei, als sie Johannette besuchen will. Da sie von seiner Rückkehr nichts gewußt hat, ist sie verdutzt und sprachlos. Verlegen blickt sie ihm ins Gesicht. Der Krieg hat ihn noch reifer, männlicher werden lassen. Christian ist ebenso überrascht, als er Klara sieht. Auch er hat nicht damit gerechnet, sie in der heimischen Küche wiederzutreffen.

»Fräulein Klara«, ruft er, »wie kommen Sie denn hierher?«

Klara lächelt und sagt: »Haben Sie das nicht gesehen? Ich bin durch diese Tür hereingekommen!«

Johannette erklärt: »Fräulein Klara ist gegenüber bei Kleinschmidts in Stellung.«

Das freut ihn zu hören, man sieht es ihm an. Und daß er sich freut, freut nun wieder Klara – und sie bleibt heute außergewöhnlich lange in der Schreinerei. Frau Kleinschmidt hat sich schon richtig Sorgen gemacht, weil Klara so lange ausbleibt.

»Drüben der … Christian ist aus dem Krieg heimgekommen … Und da ist die Zeit so schnell vergangen …«, bringt sie zu ihrer Entschuldigung vor.

»Was, der Christian ist wieder da?!« ruft Frau Kleinschmidt überrascht aus. »Also, da will ich ihn nachher aber auch selbst begrüßen. Macht es Ihnen etwas aus, Fräulein Klara, mich hinüber zu begleiten?« Aber nein, es macht Fräulein Klara gar nichts aus!

In den nächsten Tagen gibt es viele Gelegenheiten für die jungen Leute, sich zu sehen. Christian kommt sogar zum Hühnerschlachten. Klara findet es inzwischen doch unangenehm, diese blutige Verrichtung selbst vorzunehmen.

Christian erzählt viel aus dem Krieg. »Das Schreckliche möchte ich für mich behalten. Aber man erlebt auch viele lustige Dinge. Ein Kriegskamerad von mir hatte großen Kummer mit dem Lesen. Seine Braut schrieb ihm nun immer zärtliche Briefe. Er freute sich über jeden Brief. Nur gab es für ihn dann immer die Schwierigkeit, daß ihm jemand die Briefe vorlesen mußte, weil er es selbst einfach nicht konnte. Er brachte schließlich einen Brief zu mir. ›Christian‹, sagte er. ›Du kannst mir den Brief von meiner Braut vorlesen.‹

Ich sagte: ›Das ist mir unangenehm. Ich will doch nicht wissen, was deine Braut dir schreibt. Das geht mich doch gar nichts an.‹

›Dann machen wir es einfach so‹, schlug mein Kamerad vor, ›daß du beim Lesen dir die Ohren zuhältst. Dann hörst du ja nicht, was in dem Brief steht.‹«

Christian und Klara sehen sich fast jeden Tag. Als er einmal seine Uniform anlegt und den Säbel umbindet, ist Klara entzückt von ihm. Kein König könnte schöner aussehen als er. Wieder ist es Katharina, die Klaras Gefühle in Worte kleidet. »Es ist überhaupt nicht zu übersehen, daß du ihn magst. Und es ist auch nicht zu übersehen, daß er dich mag. Habt ihr denn schon einmal miteinander gesprochen?«

»Wie kommst du denn darauf?«

»Mein liebes Schwesterlein, ich bin doch nicht blind. Ihr beide habt euch gern. Das weiß ich, weil ihr euch immer so sonderbar anschaut. Sobald du den Christian siehst, leuchten deine Augen. Und Christian strahlt dich immer nur an. Du hast ihn sehr lieb, nicht wahr?«

»Ja, Trinchen, ich habe ihn sehr lieb.«

»Und wie soll das weitergehen mit euch beiden? Wollt ihr euch immer nur merkwürdig ansehen und dann lächeln – oder was sonst?«

»Aber Katharina! Christian ist doch derjenige, der zuerst sprechen müßte. Er ist doch der Mann.«

»Schwesterlein, nun überlege einmal, warum er sich vielleicht nicht traut, mit dir zu reden. Er hat keinen richtigen Beruf. Er ist am Fuß verwundet und fühlt sich vielleicht deswegen minderwertig. Und dann ist er auch noch kleiner als du.«

»Das macht mir alles nichts aus. Ich habe ihn doch so lieb.«

Christian kann bald schon wieder recht gut laufen. Er muß einen Schuh tragen, an dem der zertrümmerte Zeh innen nicht reiben kann. Dann schwillt der Zeh nicht an und schmerzt auch nicht. Nach etwa drei Wochen sieht sich Christian nach Arbeit um. Im Hause seines Vaters gibt es nicht mehr viel für ihn zu tun, weil seine Brüder, bis auf den ältesten Bruder Wilhelm, der in Frankreich Soldat ist, dort die Arbeit erledigen. Arbeitskräfte sind knapp. Christian erhält ein Angebot aus dem benachbarten Berndorf. Er entschließt sich, dort als Knecht zu arbeiten, denn er hat immer schon gern Bauer sein wollen.

Eines Abends kommt Katharina zu Klara. »Gehst du noch ein wenig mit mir an die Luft, Schwesterchen?« fragt sie.

»Es ist doch schon fast dunkel«, wendet Klara ein.

»Na, wenn ich bei dir bin, brauchst du dich doch nicht zu fürchten«, lacht Katharina.

Klara erhält die Erlaubnis von Frau Kleinschmidt, sich noch einmal entfernen zu dürfen. Katharina hakt sich bei der Schwester unter und schlägt den Weg ins Feld ein.

»Wo gehst du denn hin? Das ist doch der Weg zur Klinger Kirche. Sollen wir jetzt im Dunkeln noch im Feld herumstolpern?«

»Schwesterlein, ich bin doch bei dir. Da brauchst du auch im Dunkeln keine Angst zu haben.«

Die Mauer der Kirchenruine ragt schwarz vor ihnen auf. Leise rascheln die Blätter der Büsche im Nachtwind. Hinter der Kirche sitzt jemand auf einer rohen Holzbank. Es ist Christian.

Katharina streichelt Klaras Wange. »Schwesterchen, bitte sei nicht böse. Christian hat mich gebeten, dich hierher zu bringen. Er muß doch bald fort, und da hat er dir vorher noch etwas zu sagen.«

Klara ist zugleich verärgert und erfreut. Verärgert, weil Christian und Katharina offensichtlich gemeinsame Sache gemacht haben, um sie hinter die Kirche zu locken – und erfreut, weil Christian dort sitzt.

»Setzen Sie sich bitte, Fräulein Klara«, bittet Christian.

»Ich gehe ein kleines Stück weiter in das Feld«, sagt Katharina und ist schon in der Dunkelheit verschwunden.

Klara setzt sich zögernd neben Christian. Es durchläuft sie von Kopf bis Fuß, fast so, als wenn sie eine Gänsehaut bekäme. Aber es ist viel schöner.

»Fräulein Klara«, beginnt Christian, »bald gehe ich nach Berndorf auf einen Hof. Ich wollte vorher noch einmal alleine mit Ihnen reden.«

Klara lauscht seiner Stimme, wartet, daß er weiterspricht.

»Ich will Geld verdienen und nicht zu Hause herumsitzen.«

»Deswegen bin ich ja auch hier«, sagt Klara. »Auch ich möchte gern etwas verdienen.«

»Könnten Sie sich vorstellen, immer in Sachsenhausen zu leben?« fragt er.

»O ja, das könnte ich mir schon vorstellen. Aber da gibt es eine Bedingung.«

»Darf ich diese Bedingung wissen?«

Klara antwortet: »Ja, Christian, selbstverständlich dürfen Sie diese Bedingung wissen. Ich könnte mir nur vorstellen, immer in Sachsenhausen zu leben, wenn ich hier einen lieben Mann gefunden hätte. Andernfalls wollte ich nicht immer hier bleiben.«

»Und haben Sie einen solchen Mann gefunden?«

»Vielleicht. Ich weiß es noch nicht genau. Er hat mich noch nicht gefragt, ob ich seine Frau werden möchte.«

»Vielleicht wagt er es nicht, weil er arm und verkrüppelt ist und eine Familie gar nicht ernähren könnte.«

»Er sollte es einfach versuchen.«

»Und er würde dann keine Ablehnung erfahren?«

»Nein, niemals, Christian!«

Christian ergreift Klaras Hand. »Weißt du, Klara, ich habe dich sehr lieb. Für mich gibt es nichts Schöneres, als immer bei dir zu sein. Möchtest du meine Frau werden?«

Klara streichelt seine Hand. »Etwas Schöneres kann ich mir gar nicht vorstellen.«

»Und hast du auch daran gedacht, daß ich kein reicher Mann bin? Als meine Frau wärest du bestimmt nicht besonders wohlhabend.«

»Die Zukunft steht in Gottes Hand, Christian. Darüber mache ich mir keine Sorgen. Ich habe oft im Gebet gefragt, ob es wohl Gottes Plan für mich ist, deine Frau zu werden. Und immer hatte ich die Gewißheit: Wir sind füreinander bestimmt.«

»Klara, du ...«, stammelt Christian.

Katharina steht plötzlich vor den beiden. »Es ist so dunkel, daß ich mich fast fürchte. Muß ich noch einmal zurück ins Feld, oder ...«

»Nein, Schwesterlein, das ist nicht nötig. Nimm kurz bei uns Platz! Christian und ich, wir haben uns soeben ausgesprochen ... Und wir haben uns heimlich verlobt.«

»Dann möchte ich euch von Herzen Gottes Segen zu eurem Bund wünschen.« Katharina zieht ihre Schwester an sich und umarmt sie. Dann drückt sie Christian beide Hände.

Christian meint plötzlich: »Einen Verlobungskuß hat es noch gar nicht gegeben.« Klara lacht: »Das läßt sich ganz schnell ändern.«

Katharina ist Zeugin, als Christian seine Braut zum ersten Mal küßt.

Am nächsten Morgen redet Christian mit seinen Eltern. Er möchte so schnell wie möglich Klara öffentlich seine Braut nennen dürfen. Johannette ist sehr glücklich, daß Christian Klara liebgewonnen hat, die sie schon lange in ihr Herz geschlossen hat. Anders ist es mit August. Er hatte für seinen Sohn eine andere Braut ausgesucht. Daß Christian seinen Willen nicht respektiert, ärgert ihn und nimmt ihn zugleich maßlos gegen Klara ein. Außerdem hält Klara sich zu den Frommen, gegen die er eine tiefe Abneigung hat. Da August in letzter Zeit aber merkwürdig geworden ist und bei ihm Anfälle von Sturheit mit Zeiten der Rührseligkeit wechseln, nimmt ihn in der Familie keiner mehr richtig ernst.

Zwei Tage darauf fährt Christian mit Klara in ihr Heimatdorf. Christian will den Schulzen um die Hand seiner Tochter bitten. Der Schulze und seine Frau wissen bereits, daß Klara mit Christian zu Besuch kommen wird. Christian bringt seinen Antrag vor. Bevor Johannes, der Schulze, ihm eine Antwort zuteil werden läßt, möchte er Klara unter vier Augen sprechen.

»Kind«, sagt er, »hast du darüber gebetet, ob dieser junge Mann der rechte für dich ist? Er kommt aus einer Familie, die keinen besonders guten Ruf hat. Sein Vater war armer Leute Kind und hat sich hochgearbeitet. Dennoch ist der Alte übel beleumundet. Er soll sehr grob sein, auch gegen seine Frau. Hast du dir überlegt, daß der junge Mann, der jetzt sagt, daß er dich liebt, eines Tages auch schrecklich grob gegen dich sein könnte?«

»Vater«, entgegnet Klara, »das ist unvorstellbar, denn Christian gleicht seinem Vater überhaupt nicht. Und glaube mir, ich habe viel darüber nachgedacht und auch viel gebetet. Ich glaube, er ist der Mann, den Gott mir gibt. Und ich habe ihn ja so lieb.«

»Dann will ich mich nicht gegen eure Verbindung stellen, Klara.«

Einige Wochen später feiern Klara und Christian ihre Verlobung in Sachsenhausen. August hat sich immer noch nicht an den Gedanken gewöhnt, daß Christian eine Verbindung mit Klara eingehen will. Er hätte die Tochter eines befreundeten Handwerksmeisters lieber als Schwiegertochter gesehen. Da er sich der Verlobungsfeier zwar nicht offen widersetzt, aber viele Schwierigkeiten bei den Vorbereitungen macht, bietet sich Frau Kleinschmidt an, die Feier auszurichten. Das geht August nun wieder gegen die Ehre, so daß die Feier dann doch in der Schreinerei stattfindet. Die Frau Stationsvorsteherin, die Christian schon von klein auf gemocht hat, macht dem Brautpaar ein ansehnliches Geldgeschenk.

Die beiden jungen Leute wollen vorerst noch kräftig Geld verdienen und sparen, bevor sie ihren Hausstand gründen. Christian plant, in Sachsenhausen ein Geschäft zu eröffnen, da er ja nun mal kein Bauer werden kann.

Hochzeit

Ein Jahr ist vergangen. Die Brautleute sehen sich selten, aber sie schreiben sich häufig Briefe. Frau Kleinschmidt redet Klara zu, mit dem Heiraten noch zu warten.

»So schön wie in der Jugendzeit hat man es später nicht wieder«, sagt sie öfter. Dabei denkt sie natürlich auch an sich, denn wenn Klara heiratet, wird sie sich nach einer anderen Haushaltshilfe umsehen müssen.

Die beiden wollen im Sommer des Jahres 1917 zum Traualtar schreiten. Frau Kleinschmidt hat darum gebeten, daß Klara weiterhin jeden Tag kommen soll, um ihr im Haushalt zu helfen, solange noch keine Kinder da sind. Aber dann erreicht die Nachricht vom Heldentod des ältesten Sohnes die Schreinerei. Wilhelm, Augusts Sohn aus erster Ehe, ist in Frankreich gefallen. Christian und Klara werden nun doch noch nicht heiraten, sie wollen das Trauerjahr abwarten.

August nimmt seinen Kindern gegenüber eine feindselige Haltung ein. Johannette erklärt ihnen das mit der Trauer um den ältesten Sohn. Die Kinder nehmen Rücksicht auf den Vater, dessen Verhaltensweisen immer unerträglicher werden. August verbietet Johannette, Klara zu Besuch zu empfangen, verbietet ihr auch, in das Nachbarhaus zur Frau Stationsvorsteherin zu gehen. Seine drei Töchter dürfen mit dem Dienstmädchen aus dem Bahnhofsgebäude ebenfalls kein Wort mehr wechseln.

»Nichts bekommst du!« schreit August seinen Sohn an, als er das nächste Mal zu Besuch daheim ist. »Ich habe eine gute Partie für dich zustande bringen wollen. Du hast nicht auf mich gehört. Jetzt sieh zu, wie du zurechtkommst! Schöne Augen alleine machen es nicht! Es muß auch schon was im Geldbeutel sein, wenn man heiraten will. Was hast du denn? Was hat sie denn? Bei der Margret hättest du dich gut setzen können. Aber nein, du mußt dich in dieses vornehme Lärvchen vergucken! Verlobt ist noch nicht verheiratet. Jetzt kannst du dein Glück noch machen.«

Christian antwortet dem Vater nicht mehr.

Im Winter wird August immer eigenartiger. Oft jagt er seine Frau und die Kinder aus dem Haus. Manchmal tobt er und wirft mit Gegenständen nach ihnen. Nichts kann man ihm mehr recht machen.

Johannette wird immer magerer. Die Pflege des boshaften Mannes wird immer schwieriger, oft verbietet er ihr von Tag zu Tag das Essen. Aber sie verspürt sowieso kaum noch Hunger.

August läßt sich seine Sparbücher bringen und steckt sie sich unter sein Hemd. »Ihr wollt ja alle nur mein Geld!« schreit er immer wieder.

Im Frühjahr geht es unvermittelt mit ihm zu Ende. Johannette und die Kinder atmen auf. Der Tod des zuletzt so jähzornig und unberechenbar gewordenen Vaters bedeutet für alle eine große Erleichterung. August hat zuvor noch notariell verfügt, daß sein Sohn Christian nur einen Pflichtteil aus dem Erbe des Vaters erhalten soll.

Christian und Klara wollen im Sommer heiraten. »Für einen Vater, der seinen Sohn so schlecht behandelt, brauche ich kein Trauerjahr auszuhalten«, beschließt Christian. Sobald das Trauerjahr für Wilhelm abgelaufen sein wird, soll die Hochzeit stattfinden.

Einige Wochen vor der Hochzeit bekommt Christian einen Posten bei der Bahn angeboten. Dort werden Streckenarbeiter gesucht. Christian ist froh darüber, denn auf dem Bauernhof in Berndorf wird er nicht mehr lange bleiben können. Der Sohn seines Dienstherrn ist mit einer leichten Verwundung aus dem Krieg zurückgekommen und kann nun schon wieder daheim Hand anlegen. Seine Dienste werden deswegen bald überflüssig sein.

Nun steht einer Eheschließung nichts mehr im Wege. Das bescheidene, aber regelmäßige Einkommen eines Streckenarbeiters wird dem jungen Paar den Lebensunterhalt sichern. Der Kassensturz der beiden ergibt ein erkleckliches Sümmchen. Zur Hochzeit wird Klara auch von ihrem Vater noch ausgesteuert werden. Das Geld würde gerade für das kleine Haus in der Nebengasse beim Marktplatz in Sachsenhausen reichen.

Christian und Klara sind begeistert von dem kleinen Fachwerkhaus, das ihr neues Heim werden soll. In dem unteren Geschoß befinden sich eine Küche und die kleine Speisekammer. Nebenan ist der Waschkessel in einer kleinen Waschküche. Und dann ist da die gute Stube mit dem großen schwarzen, gußeisernen Ofen. Außer dem Herd in der Küche stellt er die einzige Möglichkeit dar, das Häuschen zu heizen.

Deswegen befindet sich in der Zimmerdecke über dem Ofen ein viereckiges Loch, durch das die warme Luft in das Obergeschoß aufsteigen kann.

Im Obergeschoß befinden sich drei kleine Stuben: Eine davon ist die Räucherkammer, eine das Schlafzimmer der jungen Eheleute und eine das Schlafzimmer für die Kinder. Draußen, nur von dem kleinen Hof aus zu erreichen, liegt auch noch ein Schweinestall. Unter dem Wohnhaus befindet sich der aus Steinen gemauerte, gewölbte Keller, wo Kartoffeln und andere Vorräte gelagert werden können. Der Dachboden des Häuschens dient der Lagerung von Stroh für die Schweine oder Heu, falls man es für eine Ziege braucht. Eine Ecke des Hofs ist überdacht, hier haben die Hühner ihr Domizil.

Christian erwirbt das Häuschen noch vor der Hochzeit. Es gehörte einem älteren Junggesellen, der als Soldat im Krieg geblieben ist. Die entfernt wohnenden Angehörigen sind froh, einen Käufer für das Anwesen gefunden zu haben, und verkaufen das Mobiliar möglichst mit. Christian darf das Stroh auf dem Speicher selbst verbrauchen. Das Holz, welches sich noch im Holzstall befindet, darf er ebenfalls behalten. Der Herd in der Küche ist gemauert, so daß ein neuer Herd nicht anzuschaffen ist.

Zusammen mit seinen jüngeren Brüdern weißt Christian die Fächer außen am Haus und streicht die Balken rotbraun an. Im Haus erhalten alle Wände einen weißen Anstrich. Die Bettstelle im Schlafzimmer, die er mit erwerben konnte, streicht er braun an. Klara stopft die Leinensäcke mit frischem Stroh aus.

Im Wohnzimmer waren die Dielen roh gezimmert gewesen. Bisher wurden sie wöchentlich neu mit feinem Sand bestreut, aber in jüngster Zeit ist das aus der Mode gekommen. Die meisten Häuser haben jetzt gehobelte Dielen im Wohnzimmer, die man feucht abwischen kann. Sie sind mit Ölfarbe angestrichen und müssen mit einem besonderem Fett eingerieben werden, das man Bohnerwachs nennt. Christian legt gehobelte Dielen ins Wohnzimmer und streicht sie dunkelgrün an. Außer einem Tisch und vier Stühlen befindet sich noch nichts in der guten Stube. Aber man ist ja noch jung. Da wird man noch manches dazu bekommen oder sich selbst später anschaffen.

Die »Kücheneinrichtung« des Vorbesitzers kann Klara übernehmen. Sie wird die irdenen Teller und Schüsseln, die Tiegel, Löffel, Messer und Gabeln nach und nach ersetzen, denn viel Staat ist damit nicht zu machen. Jede freie Minute verbringt sie in ihrem angehenden Heim, um die Küche und die Küchengeräte gründlich zu scheuern.

Als das Trauerjahr für Wilhelm abgelaufen ist, wird die Hochzeit angesetzt. Der alten Sitte gemäß soll das Fest im Haus der Braut stattfinden.

Sehr laut wird es nicht werden, denn in der ferneren Verwandtschaft und bei den geladenen Freunden gibt es hier und da Kriegstote zu beklagen. Die Hochzeitstafel wird auch nicht allzu üppig ausfallen. Zwar sind die Grundnahrungsmittel vorhanden, aber Außergewöhnliches, was auf Festtafeln zu erscheinen pflegt – wie zum Beispiel Kakao für die Kinder oder Bohnenkaffee –, wird es nicht geben. Die Feinde blockieren die deutschen Häfen, so daß Kaffee und Tee nicht ins Land gebracht werden können. An exotische Früchte wie Bananen oder Apfelsinen ist überhaupt nicht zu denken. Schokolade, diese den Kindern nur an Festtagen zugestandene Leckerei, gibt es schon lange nicht mehr. Pfeifentabak für die Männer wird im Land angebaut, aber er ist knapp und schmeckt schlecht.

Klara ist einige Tage vor der Hochzeit, versehen mit vielen Ratschlägen und Wünschen von Frau Kleinschmidt, in ihr Heimatdorf gereist. Sie will bei den Vorbereitungen kräftig mithelfen. Nur zur standesamtlichen Trauung am Freitag vor der Hochzeit wird sie noch einmal kurz nach Sachsenhausen fahren. Ihr Vater will ein Schwein schlachten, damit alle Festgäste schmausen können, soviel sie mögen. Christian wird erst am Hochzeitsmorgen mit seiner Mutter und den Geschwistern im Hause der Braut eintreffen. Klara überwacht das Schlachten des Schweines und ruft den Tierarzt, denn seit einigen Jahren muß amtlich bescheinigt werden, daß ein geschlachtetes Schwein keine Trichinen aufweist.

Ihre Mutter, die ja eigentlich ihre Stiefmutter ist, sie aber zärtlich liebt, fragt sie: »Weißt du auch, was sich in Ober-Elsungen zugetragen hat? Das fällt mir gerade ein, wo ich den Zettel des Tierarztes sehe. Da ist der Bräutigam zweimal aus der Kirche gerannt.«

»Aber ... Hat das was mit den Schweinen zu tun?« fragt Klara erstaunt.

»Ja, und ob.« Mutter Anna lacht. »Seinerzeit dauerten die großen Bauernhochzeiten drei Tage lang. Das war noch zu Beginn des Krieges. Am Sonntagnachmittag nach der kirchlichen Trauung, die ja bis zu zwei Stunden dauerte, wurde Bohnenkaffee aufgebrüht. Dazu gab es Streuselkuchen oder Apfelkuchen. Richtig ausgiebig getafelt wurde an den Abenden vorher und nach der Trauung, das weißt du ja.«

Klara nickt.

»Zwei Schweine mußten deswegen ihr Leben lassen«, fährt Anna fort. »Schließlich sollte es an nichts mangeln. Als der Karl und die Luise ihre Hochzeit ausrichteten, waren sie sich natürlich zwei Schweine wert. Du weißt ja, das sind keine armen Leute. Während die Familie der Braut sich um die Bäckerei für das große Fest kümmerte, übernahm Karl die Schlachtung der beiden Tiere. Bevor sie in die ersehnten Gaumenfreuden umgewandelt werden konnten, mußte sie jedoch der Fleischbeschauer in Augenschein nehmen und schriftlich bestätigen, daß die Tiere keine Trichinen enthielten.

Karl gab die Bescheinigung der Luise, die sie daheim an

ihren Küchenschrank steckte. Die standesamtliche Trauung erfolgte am Freitag. Ohne den Nachweis der erfolgten Verehelichung vor dem Standesbeamten der Kreisstadt war eine kirchliche Trauung nicht möglich.

An dem großen Tag verließ die Hochzeitsgesellschaft in einem langen, von Braut und Bräutigam angeführten Zug den heimischen Herd, um in die Kirche zu gehen. Während die Hochzeitsgäste auf den Bänken Platz nahmen, stellten sich die Brautleute vor dem Pfarrer auf.

›Hast du den Trauschein vom Standesbeamten, Karl?‹ raunte Luise ihrem Bräutigam zu. Karl hatte ihn nicht.

›Er steckt am Schrank‹, flüsterte sie.

Karl machte sich auf den Weg zurück nach Hause. Die Hochzeitsgäste steckten die Köpfe zusammen. Hatte sich der Bräutigam eines besseren besonnen und wollte in letzter Minute alles rückgängig machen?

Im Dauerlauf kam Karl mit dem Zettel zurück. Er nahm seinen Platz neben der geduldig wartenden Luise wieder ein und reichte dem Pfarrer den Zettel. Der blickte darauf und konnte ein leises Lachen nicht unterdrücken. ›Da liegt ein Irrtum vor. So kann ich euch nicht trauen, meine Lieben. Das ist nicht der richtige Zettel‹, lächelte er. Karl mußte noch einmal zurück nach Hause. Erst als er den richtigen Zettel gebracht hatte, konnte die Trauzeremonie stattfinden.

Am Abend, als das Fest in vollem Gange war, gab der Pfarrer zum besten, was auf dem ersten Zettel gestanden hatte, der ihm vom Bräutigam überreicht worden war: ›Hiermit wird amtlich bescheinigt, daß sich in beiden Schweinen keine Trichinen befinden!‹«

Klara lacht laut auf.

Der große Tag ist gekommen. Am späten Vormittag trifft ein geschmückter Wagen mit dem Bräutigam, seiner Mutter und seinen Geschwistern ein. Auch Johannettes Schwester Karline, Christians Godel, wie die Patentante in Nordhessen heißt, und ihr Mann sind mit auf dem Wagen. Die auswärtigen Gäste erhalten eine Fleischbrühe als kleine Stärkung. Gegen halb zwei Uhr mittags treffen auch die Gäste aus dem eigenen Dorf ein. Alle warten auf dem Hof vor dem Haus und formieren sich zum Hochzeitszug, der sich in Bewegung setzt, als die Glocke zu läuten beginnt.

Vorneweg laufen einige Posaunen- und Trompetenbläser, die sich wacker mühen, mit dem Schall ihrer Instrumente den der Glocken zu übertönen. Hinter dem Brautpaar folgen Schulze Johannes, Mutter Anna und Johannette. Es schließen sich die verwandten männlichen Festgäste an, dann die Nachbarn und Freunde. Jetzt erst kommen die verwandten weiblichen Festgäste, die Nachbarinnen und Freundinnen.

Beim Einzug in die Kirche geht Klara links von Christian. Nach der Trauung wird sie an seiner rechten Seite schreiten, denn dann ist sie seine rechtmäßige Ehefrau.

Klara ist aufgeregt. Die Brautleute stellen sich vor den Pfarrer, während die Festgäste sich auf die Kirchenbänke setzen. Christian und Klara werden während der ganzen Zeit stehen. Es gilt als unschicklich, wenn die Brautleute sich anfassen.

Klara hat ein schlichtes, weißes Brautkleid an. Auf den Kopf hat die Mutter ihr einen Spitzenschleier gesteckt. Christian trägt einen dunklen Anzug, den er schon zu seiner Konfirmation getragen hat. Nun mußten allerdings die Hosenbeine und die Ärmel ein ganzes Stück verlängert werden.

Von der Traupredigt behält Klara nicht viel. Wie gut, daß ihr Vater und die Mutter weniger aufgeregt sind und gut aufpassen können. Von ihnen erfährt sie später, was der Pfarrer gepredigt hat. Der Pfarrer hat sich an die Braut gewendet mit dem Spruch: »Versäume gern das Deine um seinetwillen.« Der Vers ist der vierte im fünften Buch Mose im zweiundzwanzigsten Kapitel. Und für den Bräutigam hat er den Text abgewandelt. »Versäume gern das Deine um ihretwillen.«

Als beide sich im Angesicht Gottes und der versammelten Festgemeinde das Jawort gegeben und sich gegenseitig die Eheringe an die Finger gesteckt haben, ist die Feierlichkeit für Klara schon fast wieder vorbei. Sie weiß, gleich wird man sie daheim beglückwünschen und beschenken.

Zu Hause sind alle Tische gedeckt, weil schönes Wetter ist, wird die Kaffeetafel im Hof aufgestellt. Alle Gäste können draußen sitzen. Nun wird der Streuselkuchen aufgetragen, der noch zusätzlich dick mit Zucker bestreut ist. Klaras Paten haben Mehl, Butter und Eier zum Backen spendiert, sie erhalten nun alle zum Dank ein halbes Rundblech mit Streuselkuchen für die nächsten Tage.

Unzählige Male wird Klara nun umarmt und geküßt, viele Glückwünsche werden ihr entgegengebracht. Auch Christian muß viele Hände schütteln. Trotz der Kriegszeit stapeln sich viele nützliche Geschenke vor dem Brautpaar: Hausrat und Lebensmittel, alles, was man gut gebrauchen kann, wenn man einen eigenen Hausstand gegründet hat.

Dann gibt es eine besondere Überraschung. Mimmi aus Altenvörde ist gekommen. Erst am Nachmittag traf sie am Bahnhof ein und mußte sich mit einer Kutsche bringen lassen. Sie hat ihre kleine Ruth mitgebracht. Vor der Hochzeit wollte sie nicht schon anreisen, um die Vorbereitungen nicht zu stören. Nun wird sie einige Tage bleiben. Alle wußten es, daß Mimmi kommen würde, lediglich Klara hatte keine Ahnung.

Klara und Mimmi drücken sich wie zwei Schwestern. Beide müssen weinen. Mimmi hat ein schweres Paket mitgebracht. Ein komplettes Kaffeeservice für sechs Personen ist darin, außerdem eine wunderschöne hohe Kaffeekanne.

»Das ist von meiner Schwiegermutter, deiner Tante Rickchen, und von mir und der kleinen Ruth für euch zur Hochzeit.«

Ein solch wunderschönes Kaffeeservice hat Klara noch nie gesehen. Es ist weiß, hat einen schmalen Goldrand und unter diesem Goldrand eine breite Girlande aus zartrosa gehaltenen Rosen.

»Ich danke euch ganz herzlich«, stottert Klara. »Ein Kaffeeservice habe ich noch nicht ... Und von so einem schönen Service hätte ich mir nicht einmal träumen lassen!«

Dann begrüßen sich Katharina und Mimmi. Katharina schließt sofort Freundschaft mit der kleinen Ruth, die ja Karls Tochter ist.

Nun ist es Sitte, daß die Brautleute nach dem Kaffeetrinken den Armen und Kranken im Dorf ein Stück vom Hochzeitskuchen bringen. Dabei wird das Brautpaar von den jüngeren Festgästen begleitet. Dazu stellen sich alle noch einmal zu einer Art Brautzug auf. Gerade wollen sie aufbrechen, als alles noch einmal stockt. Katharina kommt und zieht – ein Ziege hinter sich her.

»Du bist einige Monate jünger als ich, Schwesterlein«, sagt sie. »Und wenn die jüngere Schwester vor der älteren heiratet, dann muß die ältere ihr zur Hochzeit eine Ziege schenken. Hast du daran nicht gedacht?«

»Nein, mein Trinchen, wirklich nicht«, stammelt Klara, während die Festgäste jubeln. Das wird der Ziege unheimlich. Sie bekommt Angst und läßt viele »Kaffeeböhnchen« vor der lachenden Braut zu Boden fallen.

»Und damit du dir keine Sorgen über die Unterbringung zu machen brauchst«, fährt Katharina fort, »habe ich dafür gesorgt. Ich werde die gute Frieda, so heißt sie nämlich, auf dem Hof behalten, wo ich arbeite. Du hast in deinem kleinen Häuschen sicherlich noch keinen Stall für Frieda eingerichtet. Wenn es dann soweit ist, holst du sie dir. Du kannst sie auch ganz bei mir lassen und dir immer die Milch holen.«

Klara ist gerührt. »Schwesterlein, du bist doch meine Beste!« ruft sie.

Johannette und Christians Geschwister besteigen am Abend die Kutsche und machen sich auf den Heimweg nach Sachsenhausen. Auch Katharina fährt mit. Das Brautpaar wird erst in einigen Tagen nachkommen und das neue Heim beziehen. Mimmi soll ein paar Tage bleiben, sie sieht schlecht aus und soll viel essen und ruhen.

Zwei Tage nach dem Hochzeitsfest reisen die Neuvermählten auf einem Bauernwagen nach Sachsenhausen. Der Schulze läßt es sich nicht nehmen, seine Tochter und den Schwiegersohn in ihr kleines Reich zu bringen. Auch Mutter Anna sitzt mit auf dem Wagen. Die Hochzeitsgeschenke sind alle aufgeladen, ebenso verschiedene Haushaltsgeräte, die die Mutter der Tochter geschenkt hat.

Selbstverständlich ist auch die Ziege, die Katharina ihrer Schwester zur Hochzeit gebracht hat, dabei. Zuerst hatte der Schulze sie am Pferdewagen angebunden. Sie sollte nebenher laufen, was für sie sicherlich keine Schwierigkeit geworden wäre, da sich das Pferd ganz gemächlich bewegte. Aber Frieda hatte ihren eigen Kopf. Sie hätte sich eher strangulieren lassen, als daß sie brav nebenher gelaufen wäre. Also hebt Christian die bärtige Dame auf den Wagen und bindet sie dort fest. Das gefällt ihr aber auch nicht. Sie schlägt mit den kleinen Hufen aus und stößt mit den Hörnern. Es bleibt ihm nichts anderes übrig, als ihr die Beine zu fesseln und sie auf den Wagen zu legen.

Vor ihrem Häuschen steht ein Blumenstrauß. Frau Kleinschmidt sitzt dort und wartet auf Klara und Christian. Stolz zeigt sie dem erstaunten Paar, was sie ihm zur Vermählung schenken will. Im bis vor kurzem noch leeren Hühnerstall tummeln sich acht fröhlich gackernde Hennen unter der Obhut eines stolzen Hahnes. Der Hühnerstall ist mit Kalk sauber desinfiziert, die Löcher im Zaun sind geflickt, außerdem steht ein Sack Hühnerfutter an der Wand. Mit Hilfe von

Christians Brüdern und Schwestern hat Frau Kleinschmidt dem jungen Paar einen kleinen Hühnerhof eingerichtet.

Klara muß die liebe Frau umarmen und herzlich an sich drücken.

»Sie haben doch Ahnung von der Hühnerzucht, Fräulein Klara«, sagt sie zu der jungen Frau. »Meinen Hühnerhof haben Sie so vorzüglich wieder in Ordnung gebracht, da konnte ich mir nichts besseres vorstellen, als Ihnen zur Hochzeit dieses Federvieh zu schenken.«

Frau Kleinschmidt, die ihrer Gehbehinderung wegen an der Hochzeit nicht hat teilnehmen können, bestaunt nun die Geschenke, die Klara und Christian vom Pferdewagen holen und ins Haus tragen. Da gibt es Decken, Wäschestücke, Steinguttöpfe verschiedener Größe, einige Stühle, eine Bettstelle, die vorsorglich schon in das Kinderzimmer gebracht wird, Würste und eine Speckseite und noch vieles andere mehr.

Frau Kleinschmidt macht große Augen, als Frieda vom Wagen gehoben wird. Christian bindet sie zunächst am Zaun fest. Sie scheint sich schnell wieder wohlzufühlen, denn sie beginnt sofort auf ihre Weise, das am Straßenrand stehende Unkraut zu beseitigen.

»Trotzdem, Fräulein Klara – bleiben Sie noch so lange bei mir in Stellung, bis ... nun ja« – es ist ihr peinlich, weiterzureden – »bis dann jemand im Kinderzimmer untergebracht werden muß.« Frau Kleinschmidt ist richtig ein bißchen rot geworden. Klara sichert ihr zu, bei ihr in Stellung zu bleiben, bis die Mutterpflichten ihr das unmöglich machen.

Der Schulze fährt mit dem leeren Wagen noch einmal fort. Anna läßt sich in der Zwischenzeit von Klara Kaffee kochen und den letzten Rest des Hochzeitskuchens servieren. Auch Frau Kleinschmidt ist eingeladen. Klara erzählt ihr von der Hochzeit. So merkt sie nicht, daß der Schulze mit dem Wagen vorfährt. Auf dem Wagen liegt ein braunes Möbelstück. Klara läuft erstaunt nach draußen. Da liegt ein Büfett, ein Geschirrschrank für ihre gute Stube. Es ist passend für den niedrigen Raum angefertigt.

»Das ist die Überraschung deiner Eltern für dich. Gleichzeitig ist es auch die Überraschung von Christians Brüdern für euch. Wißt ihr, wir wußten doch, daß ihr in eurer guten Stube kein Büfett habt, so wie man es jetzt bei vielen Leuten sieht. Da haben wir beschlossen, das Holz zu bezahlen, und Christians Brüder haben sich darangemacht, den Schrank für euch zu schreinern. Schließlich sind sie Schreinergesellen.«

Mimmi reist einige Tage später von Sachsenhausen aus wieder heim nach Altenvörde. Zuvor weilt sie mit ihrer kleinen Tochter noch einige Stunden bei Klara in dem kleinen Fachwerkhaus.

Kriegsende

Der Krieg ist aus, die Deutschen sind die Verlierer. Dabei hätten sie es nicht zu sein brauchen, behaupten die Zeitungen. Denn die Matrosen seien der kämpfenden Truppe in den Rücken gefallen. Wie mit einem Dolchstoß von hinten hätten sie die Soldaten durch ihre Meuterei verraten und so den Waffenstillstand erzwungen, der die Deutschen den Feinden ausliefert. So jedenfalls kann man es in der Zeitung lesen. Anfang November verzichtet der Kaiser auf seinen Thron und geht in die Niederlande ins Exil. Alle Fürsten verzichten auf ihre Regierungsgewalt, auch der Fürst von Waldeck und Pyrmont legt sein Regierungsamt nieder. Er braucht aber nicht ins Ausland zu flüchten, sondern bleibt in seinem Schloß in Arolsen wohnen. Seine ehemaligen Untertanen würden ihm oder seinen Familienangehörigen niemals ein Haar krümmen.

Kurz vor dem Ende des Krieges hat Katharinas Dienstherrin die Nachricht vom Tode ihres Mannes erhalten. Katharina, die junge Bäuerin und deren Mutter sowie die Tante werden also künftig den Hof alleine bewirtschaften.

Die Not in Deutschland wird immer größer. Die Landbewohner – und auch die des Ackerbaustädtchens Sachsenhausen – merken von der Lebensmittelknappheit nur wenig. Dennoch dringen die Verordnungen des Landesernährungsamtes in Kassel auch in die ländlichen Gebiete durch. Da ist zum Beispiel die Verordnung über die Höchstpreise von Pferdefleisch. Für ein Pfund Lendenbratenfleisch, Leber, Frischwurst oder Fett ohne Knochen darf der Endverbraucher nicht mehr als eine Mark auf den Ladentisch legen, bei Muskelfleisch ohne Knochen nur achtzig Pfennige. Herz, Eingeweide, Kopffleisch und andere geringe Sorten Fleisch ohne Knochen dürfen nicht mehr als zehn Pfennige pro Pfund kosten.

Die aus dem Krieg zurückkehrenden Soldaten bringen Ungeziefer mit. In der Zeitung ist daher zu lesen:

»Durch die vom Heere in die Heimat entlassenen Soldaten und die durchziehenden Truppen sind vielfach Läuse in die Wohnungen der einheimischen Bevölkerung gebracht worden. Abgesehen von der dadurch entstehenden Belästigung der Bevölkerung können die Läuse gefährliche Verbreiter ansteckender Krankheiten sein. Es ist daher dringend erforderlich, daß alle mit Läusen behafteten Gegenstände (insbesondere Kleider und Betten) entlaust werden. Zu diesem Zwecke ist in Korbach eine Dampf-Entlausungsanstalt eingerichtet, in der Stoffe aller Art kostenlos entlaust werden. Gegenstände, die nicht mit Dampf desinfiziert werden können, wie z. B Holz oder Metall usw., in denen sich Läuse festgesetzt haben, sind von denselben durch gründliches Absuchen und Abseifen zu befreien, damit nicht von ihnen wieder Läuse auf andere Gegenstände übergehen.

Ebenso müssen sich die mit Läusen behafteten Personen, ehe sie reine Kleider anziehen, wiederholt gründlich am ganzen Körper mit warmem Wasser und Seife reinigen. Auch sind alle Zimmer, in denen verlauste Gegenstände aufbewahrt wurden, aufs peinlichste zu reinigen, wobei insbesondere alle Ecken ausgefegt, Bettstellen abgeschlagen und alle Möbel abgeseift werden müssen. Stroh aus verlausten Betten ist zu verbrennen.«

Zwei Tage später kann man den überall angeschlagenen Aufruf an die Landbevölkerung lesen. Er lautet:

»Stunden der größten Not sind in unserem Vaterlande angebrochen. Die Aufrechterhaltung unserer inneren Wirtschaft ist auf das schwerste gefährdet. Mangel an Kohlen und Rohstoffen legen die Industrie in großem Umfange lahm. Ungezählte zurückkehrende Krieger sind arbeits- und erwerbslos. Es wird unmöglich sein, diesen allen und den vielen anderen erwerbslos gewordenen Arbeitern in Industrie und Handwerk Unterkunft, Nahrung und Arbeit zu geben. Hier muß und kann das Land helfen. Landwirte, ihr habt in aufopfernder Weise und unter Einsetzung euerer ganzen Kraft bisher geholfen! Helft auch jetzt, die zurückkehrenden Krieger und alle anderen, die keine Arbeit finden, auf dem Lande zu beschäftigen. Gebt ihnen Arbeit, Nahrung und Wohnung, auch dann, wenn ihr euch selbst im Raum beschränken müßt. Baut Wege, meliorisiert euere Felder und Wiesen, macht Waldarbeiten, kurz, schafft Arbeit! Das ist jetzt eine hohe sittliche Pflicht der Landwirtschaft. Ohne Opfer kann und will es dabei nicht abgehen. Über allem muß jetzt die Forderung der Erhaltung unserer landwirtschaftlichen Kraft und der inneren Ruhe und Sicherheit stehen. Steigert die Erzeugung, soweit es irgend möglich ist, nehmt an Menschen auf, soviel als ihr nur irgend unterbringen könnt, und arbeitet so mit am Wohle unseres Vaterlandes! ...«

Besonders müssen sich die Frauen angesprochen fühlen, als im Frühjahr 1919 folgende Verordnung bekannt gemacht wird:

»Mit einer Geldstrafe bis zu 30 Mark oder mit Haft bis zu einer Woche wird bestraft, wer Gänse, Hühner oder andere Haustiere außerhalb eingefriedigter Grundstücke ohne gehörige Aufsicht herumlaufen läßt, so daß dadurch eine Gefahr der Beschädigung fremden Feldes besteht. Im Interesse der Sicherstellung unserer Volksernährung muß jede Beschädigung der Felder durch Geflügel verhindert werden. Das Feldschutzpersonal ist daher zu strenger Überwachung und Anzeigeerstattung in Übertretungsfällen angewiesen.«

Familienleben

Ein knappes Jahr nach der Hochzeit gibt es Nachwuchs in dem kleinen Haus in Sachsenhausen. Das erste Kind ist ein zierliches, aber gesundes Töchterchen. Es erhält den Namen Lydia. Klara ist bis Ende Februar noch täglich zu Frau Kleinschmidt gegangen und hat ihr im Haushalt geholfen. Dann mußte sie zu Hause bleiben. Ihr wurde in der letzten Zeit oft schwindlig, so daß sie sich zwischendurch immer wieder hinlegen mußte. Auch nach der Niederkunft dauert es einige Zeit, bis sie sich erholt hat. Katharina kommt nun jede freie Minute zu ihrer Schwester, um ihr zu helfen und den Säugling zu versorgen.

Christian hat im Rahmen der Teilung des väterlichen Nachlasses einen Streifen Ackerland erhalten. Vater August hatte ihn eigentlich enterben wollen, was aus rechtlichen Gründen jedoch nicht zulässig war. So erhielt er auf Betreiben Johannettes den Acker, der nicht weit vom Städtchen entfernt liegt.

Vor allem Katharina macht sich daran, das Feld in einen Garten zu verwandeln. Sie steckt Kartoffeln, pflanzt Rüben an für das Ferkel, das bald im Stall Einzug halten soll, sät Möhren, rote Bete, Feldsalat und Weißkraut, später legt sie Bohnen und Gurken. Auf dem Rest des Feldes sät Christian Getreide aus für Brot und als Futter für die Hühner und das Ferkel. Die Milch von der Ziege Frieda, die übrigens noch immer bei Katharinas Dienstherrin untergebracht ist, verarbeitet Katharina zu Ziegenbutter. Die schmeckt streng, aber wer keine andere Butter hat, der greift zuletzt doch danach.

Christian ist als Streckenarbeiter bei der Reichsbahn tätig. Die Einsatzorte sind meistens weit entfernt, deshalb muß er oft sehr früh aufstehen, um rechtzeitig zu Arbeitsbeginn am Einsatzort zu sein. Er braucht die Bahnfahrt selbstverständlich nicht zu bezahlen. Die Nebenstrecken sollen nun ausgebaut werden. Und um die Baustellen zu erreichen, muß er vom jeweiligen Zielbahnhof noch weite Strecken zu Fuß gehen. Demzufolge kommt er abends auch erst spät nach Hause. Am Samstag wird gearbeitet wie an jedem Wochentag, nur der Sonntag ist frei. Allerdings ist am Sonntag Arbeit im Feld oder daheim im Haus undenkbar.

Christian ist froh, daß Katharina den inzwischen beträchtlich groß gewordenen Garten bearbeitet. Auch seine Mutter Johannette hilft gelegentlich mit, denn Klara bleibt nach der Geburt der kleinen Lydia kränklich.

Christian kommt eines Abends mit einer beunruhigenden Nachricht heim. Die Reichsbahn muß die Zahl ihrer Streckenarbeiter verringern. Christian soll, da er tüchtig ist, zwar nicht entlassen werden, man will ihn aber versetzen. Er kann es sich aussuchen, ob er nach Schlesien oder nach Pommern versetzt werden möchte.

Christian möchte natürlich überhaupt nicht versetzt werden. Gerade hat er sich sein Häuschen ein wenig hergerichtet, gerade seinen Acker bestellt, da soll er fort, weit fort.

Die spanische Grippe

In diesem Jahr tritt eine merkwürdige Form der Grippe auf, die zunächst harmlos – wie eine normale Erkältungskrankheit – beginnt. Die Erkrankten husten, sie haben Schnupfen, bekommen Halsschmerzen, Kopf- und Gliederschmerzen. Leichtes Fieber tritt auf. Doch dann steigt das Fieber an und weicht nicht mehr.

Die Kranken werden teilnahmslos, haben keinen Appetit und verlieren zunehmend ihre Kräfte. Je nach ihrer körperlichen Verfassung erholen sie sich ganz allmählich oder sterben am hohen Fieber. Oft kann beobachtet werden, daß Leute, die sich vorher in gutem körperlichen Zustand befanden, dieser heimtückischen Krankheit zum Opfer fallen, während schwächlich erscheinende Kranke sich allmählich wieder erholen. Die Seuche wird »Spanische Grippe« genannt. Im Jahre 1918 schon beginnend, durchzieht sie 1919 ganz Europa.

Nicht lange nach der Geburt der kleinen Lydia erhält Klara einen Brief von Mimmi, einen Brief mit schwarzem Rand. Sie traut sich nicht, diesen Brief zu öffnen. Sollte am Ende Tante Rickchen …? Klara läßt den Brief ungeöffnet liegen, bis Katharina am späten Nachmittag zu ihr kommt. Katharina öffnet den Brief langsam und liest schweigend.

»Sag doch …«, bettelt Klara.

Katharina schluckt. Ihre Augen füllen sich ganz langsam mit Tränen. »Es ist nichts mit Tante Rickchen. Es ... es ... es ist die kleine Ruth!«

Klara schreit auf. Sie fällt ihrer Schwester um den Hals und schluchzt. Auch Katharina kann sich nicht mehr beherrschen. »Die kleine Ruth, Karls Töchterchen! An der spanischen Grippe ...«

»Ich kann Mimmi doch jetzt nicht allein lassen. Erst mußte sie ihren Mann hergeben, nun auch noch ihr Kind! Gott, warum läßt du das zu?«

Katharina sagt: »Das können wir Menschen nicht verstehen.«

»Wenn ich sie doch trösten könnte! Wie gern wäre ich jetzt bei ihr. Aber ich kann doch von Lydia nicht weg.«

»Die Beerdigung der Kleinen soll übermorgen sein. Dann fahre ich zu Mimmi und bleibe ein paar Tage bei ihr, um sie zu trösten. Und dann ... Du weißt ja, die kleine Ruth ist Karls Tochter.«

Katharina ist für wenige Tage auf dem Hof, wo sie arbeitet, entbehrlich. Klara und die kleine Lydia bringen sie am nächsten Morgen zur Bahn und winken der Abreisenden nach. Anschließend macht Klara einen Besuch bei Frau Kleinschmidt, die die neue Erdenbürgerin gerne sehen möchte.

Am späten Vormittag kommt Klara nach Hause. Dort erwartet sie ihr Bruder Wilhelm. Er ist mit einer Pferdekutsche vorgefahren.

»Du sollst gleich mitkommen«, sagt er nach der Begrüßung. »Mutter ist schwer krank. Sie hat hohes Fieber und kennt niemanden mehr, nicht einmal Vater. Wenn du sie noch einmal sehen möchtest, dann komm!«

In fieberhafter Eile packt Klara einige Kleidungsstücke für sich und Windeln für Lydia ein. Klara hinterläßt bei den Nachbarn eine Nachricht für ihren Mann. Kurze Zeit später sitzen Bruder und Schwester schweigend auf dem Kutschbock und fahren in ihr Heimatdorf. Steht es wirklich so schlimm um die Mutter? Vielleicht übersteht sie die Krankheit doch. Sie ist eigentlich nicht schwächlich.

Ohne Worte begrüßt der Vater seine Tochter und das schlafende Enkelkind auf ihrem Arm.

»Ist Katharina nicht mitgekommen?« fragt er.

»Katharina ist zur Beerdigung von Mimmis Töchterchen gefahren«, schluchzt Klara.

Vater Johannes führt seine Tochter in das Krankenzimmer. Mit fiebrigem Gesicht liegt die Mutter röchelnd auf ihrem Bett. Auch die ständig erneuerten kalten Wadenwickel können das Fieber nicht senken.

Mutter Anna ist nicht ansprechbar. Klara ergreift ihre heiße Hand, die unruhig über die Bettdecke tastet, und hält sie fest. Da öffnet die Kranke die Augen.

»Mutter«, spricht Klara sie an, »Mutter, ich bin es, deine Klara.«

Die Mutter lächelt, möchte etwas murmeln, fällt aber gleich wieder in die vorherige Teilnahmslosigkeit zurück.

Klara, der Vater und Wilhelm wechseln sich in der Pflege der Kranken ab. Der jüngste Bruder Christian soll der Mutter fernbleiben, um sich nicht anzustecken; ebenso darf die kleine Lydia nicht in das Krankenzimmer gebracht werden.

Gegen Abend kommt der Landarzt, den der Vater hat rufen lassen. Der zuckt mit den Schultern. »Es besteht wenig Hoffnung für die Schulzin«, sagt er und verläßt schnell den Raum. Er hat noch viele Kranke zu besuchen.

Am nächsten Morgen erlangt die Kranke die Besinnung zurück und verlangt nach ihrem Mann.

»Johannes, bete mit mir«, bittet sie ihn. »Ich gehe jetzt bald heim.«

Johannes nimmt sie in seine Arme und spricht ein Gebet. Er befiehlt seine Frau, die er nun auf ihrem Weg nicht begleiten kann, der Gnade und Fürsorge Gottes an. Anna haucht: »Amen.«

Dann bedankt Johannes sich bei ihr für die Liebe und Fürsorge, die sie ihm und den Kindern in ihrer Ehe gegeben hat. Er bittet sie um Verzeihung, falls er sie irgendwann einmal gekränkt hat.

Anna lächelt ihn an. »Halte mich!« flüstert sie.

Johannes hält sie im Arm. Er läßt seine sterbende Frau nicht mehr los, bis sie am frühen Nachmittag den letzen Atemzug getan hat. Und auch dann hält der weinende Mann die Tote noch lange im Arm. »Aus Gottes Hand habe ich sie genommen und in Gottes Hand gebe ich sie nun zurück«, sagt er, als er sie sanft zurück auf das Kissen legt.

Klara schickt ein Telegramm nach Altenvörde. Katharina kommt einen Tag vor der Beerdigung der Mutter zurück.

Der Kaufmann

Christian hat seine Stellung bei der Reichsbahn aufgegeben. Er wollte nicht fort, weder nach Pommern noch nach Schlesien, um dort Eisenbahnstrecken zu bauen. Auch Klara wollte nicht in die Fremde.

In der Landwirtschaft werden jetzt keine Arbeitskräfte gebraucht, es gibt genug Arbeitslose, die sich danach drängen, auf einem Bauernhof als Knechte ein Auskommen zu finden. Christian eröffnet eine Reparaturwerkstatt für Fahrräder, die jetzt überall gesucht sind, weil man mit ihnen billig von einem Ort zum andern kommen kann. Alte Fahrräder werden modernisiert, was Christian geschickt auszuführen versteht. Er baut aus Einzelteilen, die er preisgünstig kaufen kann, Fahrräder zusammen. Er setzt aber auch Handwagen instand, bringt landwirtschaftliche Geräte wieder in Ordnung und verkauft schließlich auch Werkzeuge und Eisenteile.

Einen Laden mit einer Werkstatt in der Hauptstraße kann er günstig mieten, denn der Platz im Keller und im Schuppen des kleinen Fachwerkhauses reicht für alles längst nicht mehr aus. Christian bietet in seinem Geschäft schließlich auch Haushaltswaren an. Dann erweitert sich das Angebot auf Schubkarren und Kinderwagen und dergleichen mehr.

Klara ist glücklich, daß Christian sein gutes Auskommen gefunden hat. Oft wird er von den Bauern für Reparaturarbeiten an Pflug und Egge geholt. Hier erfolgt die Entlohnung meistens nicht in Bargeld, sondern in Naturalien, was durchaus erwünscht ist. Bis das im Stall dem Schlachttag entgegenwachsende Schweinchen abgestochen wird, sind Würste und Speckstücke herzlich gern gesehen.

Für Katharina ändert sich im Herbst des Jahres einiges. Die verwitwete junge Bäuerin hat nach Ablauf des Trauerjahres einen entfernten Verwandten ihres Mannes geheiratet. Nun ist Katharinas Arbeitskraft überflüssig. Man trennt sich im guten. Katharina siedelt – zusammen mit der Ziege Frieda – in das kleine Fachwerkhäuschen über. Sie bezieht eine Kammer im ersten Stock.

»Nun bin ich wieder bei dir, Schwesterlein«, sagt Katharina glücklich. »Und ich werde dich jetzt nie mehr verlassen.«

Klara ist wieder guter Hoffnung, muß aber diesmal viel liegen. Ohne Katharinas Hilfe hätte sie das Haus gar nicht in Ordnung halten können. Katharina versorgt Lydia, kümmert sich um Vieh, Garten und Acker.

Der Schulze verkauft nach dem Tode seiner Frau das kleine Häuschen Annas, in dem einige Zeit Jost, der jüngste Sohn des ehemaligen Schulzen, gewohnt hat. Irgendwann ist er aus dem Dorf verschwunden, seitdem hat das Haus leergestanden. Da nach dem Krieg viele Leute als Arbeiter auf das Land kommen, ist Wohnraum knapp. Katharina und der kleine Christian als leibliche Erben der Schulzin erhalten je die Hälfte der Verkaufssumme. Katharina erwirbt mit diesem Geld einen Acker in Sachsenhausen, den sie gleich bestellt.

Zwischendurch geht sie noch zu Frau Kleinschmidt, um ihr im Haushalt zu helfen. Die Stationsvorsteherin hat sich kein anderes Dienstmädchen mehr nehmen wollen, weil sie, wie sie selbst sagt, »von Fräulein Klara verwöhnt ist«. Katharina verwöhnt sie weiterhin genau so wie Klara.

»Wenn Sie bei mir bleiben, Fräulein Katharina, bis zur Pensionierung meines Mannes im nächsten oder übernächsten Jahr, dann brauche ich sonst niemanden mehr. Danach gehen wir zu unserer Tochter nach Arolsen.«

Im Jahr darauf gebiert Klara einen kleinen Jungen, der Herman genannt wird. Herman ist ein schwächliches Kind, lebt nur einige Tage. Klara hat nun ein Kindergrab auf dem Friedhof zu pflegen.

Lydia

Nach dem Tod des kleinen Herman bleibt Klara kränklich. Sie wird schnell müde, wenn sie gearbeitet hat. Was ist nur los mit ihr? Früher konnte sie doch arbeiten wie ein Pferd, da wurde sie zwischendurch nicht müde. Jetzt muß sie sich mehrmals täglich hinsetzen und ausruhen, oft muß sie sich auch kurz auf die Chaiselongue, eine Art Sofa, legen, die Christian ihr gekauft hat. Wie soll das nur weitergehen? Sie ist doch noch jung.

Klara hat ein schlechtes Gewissen, weil sie so schwach ist. Mit Christian mag sie darüber nicht reden. Der lacht dann nur und sagt: »Mach dir keine Sorgen, das wird schon wieder!«

Katharina gegenüber redet sie offener. Wenn das schlechte Gewissen sie deswegen plagt, daß sie ihrem Mann keine Hilfe, sondern eher eine Last ist, dann umarmt die Schwester sie, streichelt ihre Wange und sagt: »Du weißt doch, Schwesterlein, daß ich dich nie verlassen werde. Ich bin ja da. Und ich kann in Haus und Garten alles das erledigen, wofür deine Kräfte nicht reichen.«

Die kleine Lydia ist inzwischen vier Jahre alt geworden. Sie hat sich zu einem munteren Mädchen, entwickelt, das neugierig die Welt anschaut und ganz viele Fragen stellt. Besonders gerne läuft die Kleine zu dem vier Jahre älteren Lenchen in der Nachbarschaft. Lenchen singt ihr Kinderlieder vor, malt ihr Bilder in den Sand am Straßenrand, geht mit ihr zum Blumenpflücken in die Wiesen gleich hinter dem Ort oder macht ihr ein Blumenkränzchen aus Löwenzahnblüten und setzt es ihr auf.

Klara und Katharina, die in Haus, Garten und Feld viel Arbeit haben, sind froh, daß Lydia bei Lenchen in guter Obhut ist und nicht ständig von einem Erwachsenen beaufsichtigt werden muß. Das ist besonders ab dem Frühsommer sehr hilfreich, als Klara kurz vor einer Niederkunft steht und wieder mehrere Wochen liegen muß. Katharina hat nun das Anwesen mit Feld und Garten allein zu versorgen, da ist sie nicht böse, wenn Lydia und Lenchen oft zusammen spielen.

Im Juli bekommt Lydia ein kleines Schwesterchen. Es heißt Johanna. In der Nacht, so erfährt die Kleine, hat der Klapperstorch das neue Schwesterchen in die Wiege gelegt. Nun liegt es da und schläft oder schreit. Lydia schaut neugierig zu, wenn die Mutter das kleine Menschlein badet oder ihm einfach nur die Windeln wechselt. Spielen kann man mit der kleinen Schwester nicht, findet Lydia. Sie hält sich da eher an Lenchen, mit dem ist wenigstens etwas anzufangen.

Aber dann wird Lenchen krank, so krank, daß Lydia nicht zu ihr darf. Sie hat die Halsbräune bekommen, die man auch Diphterie nennt. Zuerst sah die Krankheit aus wie das Halsweh, das Kinder gelegentlich bekommen. Auch das Fieber war nur mäßig. Aber dann treten die gefürchteten Schwellungen im Hals auf. Alles, was der Arzt unternimmt, schlägt nicht an. Nach wenigen Tagen ist Lenchen tot.

Katharina nimmt Lydia an die Hand und besucht das Trauerhaus. Im Hausflur liegt Lenchen still in einem weißen Sarg. Darauf sind Blümchen gemalt. Lydia läßt sich von Katharina auf den Arm nehmen, damit sie von oben alles besser sehen kann.

Das Lenchen hat ein weißes Kleid an und liegt ganz still da, es schläft wohl. Ein buntes Kränzchen aus Herbstblumen, so wie das Lenchen es selbst für Lydia oft gewunden hat, ziert seine Haare. Die Kleine wundert sich, warum alle Umstehenden weinen und auch Tante Katharina sich die Augen wischt. Warum weckt denn niemand das Lenchen auf?

Zwei Tage später kommen viele Leute ins Nachbarhaus. Die haben schwarze Kleider an. Tante Katharina geht auch mit, nachdem sie ihr schwarzes Kleid angezogen hat. Mutter bleibt zu Hause, weil ja die kleine Schwester nicht allein gelassen werden kann. Und sie, Lydia, soll auch zu Hause bleiben.

»Das ist nichts für dich«, hat die Mutter gesagt, »bleib du schön bei mir daheim. Es ist draußen ja auch so kalt heute.«

Vom Fenster aus beobachtet Lydia, wie vier Männer den Sarg mit den daraufgemalten Blumen aus dem Haus tragen. Sie weiß, daß Lenchen darin liegt. Wo bringen die Menschen das Lenchen bloß hin?

Die Mutter ist mit der kleinen Johanna beschäftigt. Vorsichtig huscht Lydia aus dem Haus. Ohne Jäckchen und nur mit dünnen Hausschuhen an den Füßen schließt sie sich den Trauernden an. Dabei achtet sie darauf, daß Tante Katharina, die ja auch zu den Trauergästen gehört, sie nicht entdeckt.

Der Weg zum Friedhof ist nicht weit. Lydia ist schon oft dort gewesen, wenn Mutter Blümchen auf das Grab des kleinen Herman gepflanzt hat. Ganz in der Nähe vom Grab des Brüderchens ist ein Loch in der Erde. Lydia schaut genau zu, wie die Männer an Seilen den weißen Sarg in dieses Loch hinunterlassen. Dann wird Erde hineingeworfen. Lydia versteht das nicht. Was soll das Lenchen da unten in dem Loch? Plötzlich fröstelt sie und muß weinen. Da läuft sie zu der erschrocken aufschauenden Tante Katharina.

»Du bist ja ganz durchgefroren«, flüstert die Tante, öffnet ihren Mantel und legt ihn um Lydia, während sie das zitternde Körperchen an sich drückt. Schnell trägt sie das Kind nach Hause.

Am Abend hat Lydia Fieber. Das Fieber steigt in der Nacht an und läßt auch am nächsten Tag nicht nach. Der Arzt bestätigt die Befürchtungen der Eltern: Lydia hat eine Lungenentzündung. Einige Tage hat das Kind nahezu ununterbrochen Fieberphantasien. Immer wieder redet Lydia von Lenchen, vom Spielen draußen in der Sonne, von den Blumenkränzchen, die das Lenchen machen konnte, von den Liedern, die es gesungen hat, aber auch von dem weißen Bett, in dem es lag und sich nicht rührte, und von dem Loch in der Erde, in das die Männer dieses weiße Bett versenkt haben.

Klara, Katharina, Christian und Großmutter Johannette sitzen abwechselnd Tag und Nacht am Bett des immer wieder aufgeregt redenden Kindes, das seine Eltern nur selten erkennt und oft Angst vor ihnen hat. Lydias Zustand bessert sich nicht. Dann kommt die Krisis, der Höhepunkt der Krankheit. Nun muß sich entscheiden, ob das Kind genesen wird oder nicht.

Am frühen Morgen hört Lydia auf zu atmen.

Klara ist wie betäubt. Sie wankt durch das Haus und hat das Gefühl, jeden Augenblick die Kräfte zu verlieren und zu Boden zu sinken. Sie vermag nicht zu weinen. Erst als ihr Töchterchen mit seinem rosa Kleidchen im Hausflur im weißen Sarg liegt, kann sie herzzerreißend weinen.

Bevor der Sarg geschlossen wird, schneidet Christian seinem Kind eine Locke ab. Er will sie aufbewahren als letzte Erinnerung an die kleine Lydia, deren Körperchen er nun bald in die Erde betten lassen muß. Klara hat als Braut einen Rosmarinzweig in der Hand gehalten. Nach der Hochzeit hat sie ihn getrocknet und im Schrank aufbewahrt. Nun gibt sie ihn, der Sitte gemäß, ihrer kleinen Tochter mit in den Sarg. Lydia soll direkt neben Lenchen, ihrer Freundin, begraben werden.

Hand in Hand stehen Klara und Christian am offenen Grab ihres ersten Kindes.

»Der Herr hat's gegeben, der Herr hat's genommen; der Name des Herrn sei gelobt!« So sagt der Pfarrer. Beide Eltern sehen sich an. Ja, das wollen sie auch sagen, aber es wird ihnen schwer.

Es kommen grauenvolle Tage. Klara hadert mit Gott. »Ich habe doch von klein auf zu dir gebetet. Ich habe dich geliebt. Es verging kein Tag, an dem ich nicht an dich dachte. Ich habe versucht, mein Leben nach deinen Weisungen zu gestalten. Warum tust du mir das an? Warum nimmst du mir das fröhliche Kind? Was soll diese Grausamkeit, daß du erst schenkst, um dann wieder zu nehmen? Du hättest mir das Kind doch gar nicht erst zu schenken brauchen, dann wäre mir die Trauer erspart geblieben.«

In Klara ist es finster. Jeder Winkel in dem kleinen Häuschen erinnert an die kleine Lydia.

»Du bist kein Gott der Liebe«, hadert sie. »Ein Gott der Liebe kann eine solche Grausamkeit doch nicht vollbringen. Ich will von dir nichts mehr wissen.« Sie spricht mit Christian darüber. Der umarmt seine Frau und versucht sie zu trösten. »Gott selbst hat doch auch sein Liebstes, seinen Sohn, hergeben müssen. Und er hat zugesehen, wie die Menschen ihn ermordeten.«

»Trotzdem – ich will nichts mehr von ihm wissen«, sagt Klara. »Ich bin von ihm so enttäuscht.«

Einige Tage quält sich Klara. Sie ist so unglücklich wie nie zuvor. Sie läuft an Lydias Grab, aber dort findet sie keinen Trost. Wohin sie sich auch wendet, überall empfindet sie Verzweiflung.

Dann bricht ihr Widerstand zusammen. »Gott, ich bin es, die unrecht hat. Vergib mir. Ich habe nicht das Recht, dir Vorwürfe zu machen. Du kannst mit mir anstellen, was du willst, mich schlagen und demütigen, ich werde trotzdem immer bei dir bleiben. Wer soll mir Halt geben, wenn nicht du? Vergib mir und laß mich wieder bei dir sein!«

Trotzdem empfinden Klara, Christian und Katharina immer wieder die Leere des kleinen Fachwerkhauses. Überall sehen sie das muntere Kind, alles im Haus erinnert an sie. Da macht Christian den Vorschlag, in das Haus zu ziehen, in dem er bereits seine Werkstatt und das Geschäft unterhält. Die Wohnung in diesem Haus steht leer. Klara sagt gerne ja. In dem anderen Haus in der Hauptstraße wird sie nicht immer wieder an Lydia erinnert werden.

Die Führung des kleinen Geschäfts ist schwierig geworden. Das Geld hat seinen Wert verloren und taugt nicht mehr als Zahlungsmittel. Millionen Mark zu haben, das besagt gar nichts. Es reicht kaum, um Brot zu kaufen. Auf dem Lande brauchen die Menschen trotzdem keine Not zu leiden, denn viele versorgen sich selbst mit Fleisch und Gemüse. Fast alle Leute besitzen hier noch einen Streifen Ackerland, um Brotgetreide oder Kartoffeln anzubauen. Viele Familien haben ein Schwein im Stall hinterm Haus, überall gibt es Hühner – und für einen Kaninchenstall findet sich auch meist noch ein Platz.

Andererseits muß auch Christian manchmal mit Naturalien bezahlen, wenn er Kleineisenteile für sein Geschäft einkauft. Einmal verlangt ein Lieferant einen Teil seiner Würste aus der Räucherkammer.

Heinrich und Hänschen

Fünf Jahre lang bleibt Johanna das einzige Kind von Christian und Klara. In vielem erinnert sie ihre Eltern und Tante Katharina an die kleine Lydia.

Die wirtschaftliche Lage im Land hat sich stabilisiert, geschäftlich geht es Christian recht gut. Nun bekommt er das Geschäftshaus, in dem er mit den Seinen schon einige Jahre zur Miete wohnt, zum Kauf angeboten. Er rechnet. Sein Fachwerkhaus, das er in der Zwischenzeit vermietet hatte, kann er zu einem angemessenen Preis verkaufen. Katharina will ihr Erspartes dazugeben, sie soll dann einen »Einsitz« im Haus haben. Die Bank gibt einen Kredit zu günstigen Bedingungen, aber trotzdem fehlen noch etwa zweitausend Mark.

Da weiß Katharina Rat. Sie besucht den jüngeren Bruder Daniel, der vor einiger Zeit nach Niederwerbe in einen stattlichen Bauernhof geheiratet hat. Sein junge Frau ist die einzige Tochter und nicht unvermögend. Katharina denkt sich, daß das junge Paar vielleicht die fehlende Summe vorstrecken könnte.

Und tatsächlich, sie findet dort offene Ohren. Daniels Frau leiht Christian und Klara die fehlenden zweitausend Mark zu einem günstigen Zinssatz. Christian ist verpflichtet, jährlich einhundertfünfzig Mark zurückzuzahlen.

Der kleine Heinrich wird in dem Geschäftshaus in der Hauptstraße geboren. Christian und Klara nennen es nun ihr eigen.

Auch hier gibt es Stallungen für die Schweine und die Ziege sowie einen Hühnerhof. Es läßt sich gut leben in dem größeren Haus.

Katharina bewohnt ein Zimmer im ersten Stock. Hier, so meint sie, könne sie alt werden. An ihrem Entschluß, niemals zu heiraten, hält sie fest. Obwohl sie einmal fast wankend geworden wäre. Ein niederländischer Vertreter für Landmaschinen besucht Christian, um ihm die neuesten »Modelle« vorzuführen und womöglich für sein Geschäft in Kommission zu geben. Der Mann ist Mitte der Dreißiger, hoch gewachsen und blond. Er sieht recht gut aus. Christian beherbergt ihn für einige Tage in seinem Haus.

Hier lernt der niederländische Kaufmann Katharina kennen. Er ist begeistert von ihr.

»In ihrer neuen Nationalhymne singen die Deutschen von den deutschen Frauen«, sagt er in fließendem Deutsch, aber mit niederländischem Akzent. »Das verstehe ich erst jetzt. Denn nun habe ich die deutschen Frauen erst so richtig kennengelernt.« Dabei schaut er Klara und besonders Katharina an. »Die deutschen Frauen sind ja unglaublich tüchtig. Und außerdem sind sie auch schön.« Dabei sieht er wieder Katharina an.

Katharina ist immer noch eine schöne junge Frau, und sie genießt es, von einem Mann umworben zu werden. So etwas hat sie noch nie erlebt.

Der Landmaschinenvertreter kommt nun häufig nach Sachsenhausen. Immer richtet er es so ein, bei seinen Reisen Katharina zu sehen und ihr Blumen zu schenken. Eines Tages sagt er: »Meine Firma ruft mich in meine Heimat zurück. Ich werde jetzt nicht mehr kommen können. Aber die schönste und tüchtigste Frau, die ich kenne, würde ich gerne heiraten und in meine Heimat mitnehmen.«

Katharina weiß, daß er sie meint. Und sie weiß auch, daß sie sich nun entscheiden muß. Er ist ein wohlhabender, gutaussehender Mann, und er gefällt ihr. Aber wenn sie ihn heiratet, dann bedeutet dies, daß sie ihm in ein fremdes Land folgen muß, daß sie eine andere Sprache erlernen muß und – was das Allerschlimmste ist – daß sie ihr Schwesterlein, an dem sie mit aller Liebe hängt, verlassen muß.

Klara redet ihr zu, auch Christian befürwortet ihre Verbindung mit dem freundlichen Niederländer.

Katharina entscheidet sich gegen diese Ehe. Ohne die Schwester und deren Kinder in der Nähe zu haben, will sie nicht leben.

Es kommt die Zeit der Weltwirtschaftskrise. Die Zahl der Arbeitslosen steigt. Niemand hat Geld, um Maschinen oder Fahrräder oder sonst etwas zu kaufen. Christian hat in seinem Geschäft kaum noch Umsatz und gerät gegenüber der Bank in Zahlungsschwierigkeiten. Er bittet den Bankdirektor um Zahlungsaufschub, was dieser gerne gewährt. Denn überall gibt es solche Schwierigkeiten bei den Gläubigern.

Gegenüber den Verwandten in Niederwerbe hat Christian seine Verpflichtungen pünktlich erledigt. Trotzdem bangt die junge Frau um ihr Geld. Sie besteht darauf, daß Christian ihr die geliehene Summe sofort zurückgibt. Das ist ihm im Moment nicht möglich. Er versucht sie zu überzeugen, daß sie ihr Geld wie vereinbart zurückerhalten wird. Er hat ihr doch jährlich Zins und Tilgung gezahlt. Aber sie läßt sich nicht erweichen. Sie will augenblicklich ihr Geld wiederhaben, denn sonst geht am Ende, so fürchtet sie, alles verloren.

Klara bittet ihren Vater um Hilfe. Aber der hat seine gesamten Ersparnisse durch die Inflation eingebüßt und außerdem sein Vermögen an die Kinder verteilt. Von ihm gibt es keine Hilfe.

Christian fragt bei seiner Mutter Johannette nach. Sie war vor der Inflation eine wohlhabende Frau gewesen. Zwar hatte auch sie ihr Vermögen an die Kinder verteilt, es war ihr aber noch eine hübsche Summe als Altersversorgung geblieben, die sie als Spareinlage auf der Bank deponiert hatte – bis sie durch die Geldentwertung alles bis auf den letzten Pfennig verlor. Nun mußte sie bei einer ihrer Töchter wohnen. Sie nahm Putzstellen an, um sich ihren Lebensunterhalt zu verdienen. Von ihr kann auch keine Hilfe kommen.

Da erfährt Christian, daß die Reichsregierung ein Bodenprogramm durchführt. Im Osten gibt es große Landgüter, die von ihren verarmten adligen Großgrundbesitzern nicht mehr richtig bewirtschaftet werden können und zum Teil stark heruntergekommen sind. Diese Güter werden nun parzelliert, das heißt in kleinere, aber überlebensfähige Bauernhöfe geteilt. Dieses Land gibt der Staat bäuerlichen Siedlern für wenig Geld. Die Bedingung ist, daß die Familie mindestens zwei Kinder hat, denn man will solche Familien fördern.

Christian rechnet wieder. Wenn er sein Haus verkauft, hat er nach Rückzahlung seines Darlehens an die Bank und an die junge Frau seines Schwagers genügend Kapital übrig, um sich einen solchen Hof zu kaufen und mit Vieh und einfachen landwirtschaftlichen Geräten auszurüsten. Er wollte doch immer schon gern Bauer sein! Warum also soll er nicht in Sachsenhausen alles verkaufen und in den Osten gehen? Er liebäugelt mit einem Bauernhof in Mecklenburg. Das ist näher an der Heimat als zum Beispiel Pommern oder gar Ostpreußen.

Umzug nach Mecklenburg

Christian fährt mit dem Zug nach Hamburg, dann nach Schwerin, von dort aus nach Lübz, einer ihm bis dahin unbekannten kleinen Kreisstadt in Mecklenburg. Schließlich erreicht er das kleine Dorf Diestelow, das in einer sanft gewellten, mit kleinen Wäldchen durchsetzten, lieblichen Landschaft liegt. Hier sind auf dem Boden des Gutshofes viele kleinere Bauernhöfe entstanden. Jeder Hof hat sein zugehöriges Land hinter dem Haus. Die Wohnhäuser, Stallungen und Scheunen sind aus hellroten Ziegelsteinen gebaut, sie stehen noch leer und laden zum Bewohnen ein.

Christians Herz schlägt höher, als er sich vorstellt, hier Herr auf eigener Scholle zu sein. Er prüft den Boden. Der ist sandig, aber nicht unfruchtbar. Hier wird hauptsächlich Roggen angebaut. Eine Parzelle gefällt ihm besonders gut: Neben dem Haus befindet sich eine Sandgrube, eine Kiesgrube gehört ebenfalls zum Anwesen. Diese Parzelle würde er wählen.

Die Pferde das Gutshofes, der nun aufgelöst wird, sollen von den sich neu ansiedelnden Bauern übernommen werden. Christian schaut sie sich alle an. Er wählt nicht die schweren Gäule, die man »Belgier« nennt, sondern die etwas schlankeren Kutschpferde des Gutsbesitzers für sich aus.

Die Felder des ehemaligen Guts sind einige Jahre lang nicht bestellt worden. Mit einem Blick erkennt Christian, daß hier viel Arbeit auf ihn wartet. Die zähen Quecken, ein lästiges und schwer zu beseitigendes Ackerunkraut, haben weite Flächen seines künftigen Anwesens bedeckt. Er sagt ihnen jetzt schon einen erbarmungslosen Kampf an.

Einige Tage später ist Christian wieder in Sachsenhausen. Er berichtet Klara von allem, was er in Diestelow erfahren und gesehen hat. Sie spürt seine Begeisterung, seine Vorfreude, sieht seine leuchtenden Augen, als er von dem hübschen, einladenden Bauernhaus, den Pferden, den vom Haus aus so leicht zu erreichenden Äckern und Wiesen erzählt. Klara weiß, daß Christian dort glücklich sein wird, trotz aller schweren Arbeit, die in Mecklenburg auf ihn wartet.

»Wenn du gern dorthin gehen möchtest, Christian«, lächelt

Klara ihn an, »dann gehe ich selbstverständlich mit dir. Ich habe nur eine Sorge: Du weißt, daß ich nicht schwer arbeiten kann und schnell müde werde. Eine kräftige, stramme Bäuerin bin ich nicht und werde es wohl auch nicht mehr sein können. Hast du trotzdem Mut, mit einer schwächlichen Frau wie ich es bin, einen Bauernhof zu bewirtschaften?«

Katharina hat das Gespräch gehört. »Ach, Schwesterlein«, sagt sie, »mach dir darüber keine Gedanken! Mich gibt es doch auch noch. Wenn ihr mich mitnehmt, dann habt ihr eine Magd, die zupacken kann.«

»Aber Trinchen«, wendet Klara ein, »willst du wirklich so weit weg von der Heimat? Du bekommst bestimmt Heimweh! Unsere Lieben werden wir dann nur noch selten sehen, unser Elternhaus kannst du vielleicht alle paar Jahre mal besuchen. Und Bekannte und Freunde hast du in Diestelow auch nicht.«

»Ich habe doch versprochen, dich nie zu verlassen, mein Schwesterlein. Glaubst du denn wirklich, ich lasse dich allein nach Mecklenburg ziehen? Mit dem Heimweh wird das schon nicht so schlimm werden. Wir haben uns ja gegenseitig. Wo du und deine Kinder sind, da ist doch meine Heimat. Und Freunde und Bekannte können wir dort auch finden, meinst du nicht?«

Klara seufzt erleichtert auf. »Wenn du mitgehst nach Diestelow, dann bin ich beruhigt.«

»Vielleicht bist du auch nur deswegen so zaghaft, weil du in Umständen bist, Schwesterlein.«

»Das ist möglich.«

Nun geht es schnell, denn die Tochter Johanna steht zur Einschulung an. Sie soll gleich in Diestelow in die erste Klasse gehen.

Christian verkauft das Geschäftshaus in der Hauptstraße, zahlt der Bank seinen Kredit zurück, gibt der Frau seines

Schwagers die Summe, die er ihr schuldet – es sind nur noch einige hundert Mark –, verkauft seinen und auch Katharinas Acker und mietet einen Eisenbahnwaggon zum Transport der Möbel und des übrigen Hausrats nach Lübz. Verschiedene Ackergerätschaften kann Christian in Sachsenhausen günstig einkaufen. Die werden ebenfalls in den Wagen geladen. Das erst halb gemästete Schwein übernimmt der neue Hausbesitzer, aber die Hühner werden in Körbe verpackt. Auch die Ziege, es ist nicht mehr Frieda, sondern die junge Mette, soll mit auf die lange Reise gehen.

Schneller als geahnt ist der Abreisetag gekommen. Christian fiebert der neuen Aufgabe entgegen, Klara aber wird sehr wehmütig. Alle Verwandten aus der Umgebung sind zur Verabschiedung an den Bahnhof gekommen.

»Das Heimweh, das wird schon vergehen«, tröstet sich Klara bei der Abreise.

Die Schwindsucht

Aber das Heimweh vergeht nicht. Auch als das Haus hübsch eingerichtet ist, als die Hühner fröhlich im Hof gackern, die Schweine im Stall grunzen, die Kühe das prächtige Futter in wohlschmeckende Milch verwandeln, will Klaras Heimweh nicht weichen. Freilich hat Klara auch viel Gelegenheit, um ins Grübeln zu kommen, denn sie muß in der letzten Zeit vor der Niederkunft häufig liegen und kann nichts essen.

Katharina leidet kaum unter Heimweh. Sie richtet die Wohnung ein, arbeitet im neu angelegten Küchengarten, versorgt das Vieh und unterstützt Klara beim Kochen, bringt Johanna am ersten Tag in die Schule und macht reihum Besuche bei den anderen Siedlern, die aus Hessen oder Schwaben kommen oder aus der näheren Umgebung stammen.

Die Kinder haben keinerlei Schwierigkeiten miteinander. Zunächst redet jedes noch in seinem eigenen Dialekt, dann setzt sich jedoch im Umgang miteinander das Mecklenburger Platt Diestelower Prägung durch, denn das wird von den Kindern in der Schule gesprochen, die sie alle besuchen.

Klara schenkt einem gesunden Knaben das Leben. Sie selbst jedoch ist alles andere als gesund. Als im ersten Winter die Nebel der nahen Ostsee über dem Land liegen, hat sie Luftnot. Ihr Appetit läßt sehr zu wünschen übrig. Sie kann nur wenig essen, und dabei soll sie viel Fleisch, Eier, Milch und Quark zu sich nehmen, so hat der Arzt es ihr aufgetragen. Klara versucht, gehorsam zu sein, aber sie verträgt fast nichts mehr. Zum körperlichen Unwohlsein kommt hin und wieder heftiges Heimweh.

Klara muß immer häufiger husten. Eines Tages hustet sie blutigen Schleim. Da weiß sie, daß die gefährliche Schwindsucht wieder ausgebrochen ist. Der Arzt überweist sie sofort in eine Heilstätte bei Waren am Müritzsee. Klara wehrt sich nicht dagegen, die Heilstätte aufzusuchen. Denn wenn es nicht gelingt die Krankheit zu bekämpfen, dann wird sie sterben, das weiß sie.

»Schwesterlein, mach dir keine Sorgen um uns«, sagt Katharina. »Ich bin bei den Kindern und versorge sie. Hier auf dem Hof kommen wir schon zurecht. Denk jetzt zuerst an dich, damit du bald wieder gesund wirst.«

Johanna winkt der scheidenden Mutter nach, als der Vater diese auf den Pferdewagen hebt und abfährt. Auch der kleine Heinrich winkt ihr zu. Nur der Säugling Hänschen auf dem Arm von Tante Katharina winkt nicht. Die Tante bewegt sein Ärmchen, so daß es aussieht, als winke auch er.

Katharina sorgt aufopferungsvoll für die Kinder. Ihr ist keine Mühe zuviel. Tagsüber schaut sie in Küche und Stall nach dem Rechten, abends bringt sie die Kinder ins Bett. Nachts trägt sie Hänschen auf dem Arm im Haus herum, der seine Beschwerden über die durchbrechenden Zähne laut in die Welt hinausschreit.

Katharina arbeitet für drei. Auf anderen Höfen gibt es Mägde, die auf dem Feld und im Stall arbeiten, während die Bäuerin das Hauswesen versorgt. Katharina bewältigt alles alleine.

Im Frühjahr weist sie die sechsjährige Johanna in das Geheimnis des Kühehütens ein. Die sechs Milchkühe des Hofes werden nämlich im Sommer nicht daheim gefüttert, sondern auf die Weide getrieben. Die Weide ist nicht allzu weit vom Haus entfernt.

Johanna wirft, sobald sie aus der Schule kommt, den Ranzen in die Ecke, ißt ihr Mittagessen und läuft dann in den Kuhstall. Senta, die treue Schäferhündin, wartet schon auf sie. Während sie die Stalltür öffnet und die hungrigen Kühe sich hinausdrängen, steht der Hund bereit, die Tiere zusammenzuhalten. Johanna hat einen dünnen Stock, mit dem sie den störrischen Kühen auf das Hinterteil haut, wenn sie am Getreideacker stehenbleiben und die junge Saat zu fressen beginnen. »Senta, faß sie!« schreit Johanna dann, und Senta läuft herbei und zwickt die Rinder so derb in die Beine, daß sie den Versuch aufgeben, sich im Getreidefeld gütlich zu tun.

Aber auch auf der eigentlichen Kuhweide, die die Kühe längst kennen, machen sie Dummheiten. Wenn Senta nämlich irgendwo einen Hasen sieht, dann ist sie nicht zu halten und macht sich an die Verfolgung. Zwar kommt sie bald darauf beschämt zurück – aber die Kühe haben die Zeit ihrer Abwesenheit genutzt und sind in ein benachbartes Luzernefeld gelaufen.

»Senta, faß sie!« kann Johanna dann so oft rufen, wie sie will. Die Kühe, die sonst bei diesem Ruf schon gehorchen, weil sie Sentas scharfen Zähne fürchten, scheinen sie dann auszulachen – wissen sie doch ganz genau, daß der Hund gerade nicht da ist. Und dann hebt die Leitkuh den Schwanz und muht auffordernd. Sofort macht sich die ganze Gruppe auf und davon ...

Abends treibt Johanna die Kühe nach Hause. Jetzt besteht keine Gefahr, daß sie unterwegs in einem Feld grasen wollen, denn sie sind satt und streben dem Stall zu. Dort, so wissen sie, werden sie gemolken. Und die Milch im prallen Euter verursacht ihnen Schmerzen.

Sind die Kühe erst im Stall, macht Johanna ihre Hausaufgaben, ißt zu Abend und sinkt dann todmüde ins Bett. Sehr oft nimmt sie den kleineren Bruder Heini mit auf die Weide. Dann ist er beaufsichtigt, und Tante Katharina braucht nur auf Hänschen aufzupassen.

Auch bei Regen muß Johanna hinaus, denn die Tiere sind bei jedem Wetter hungrig. Nur Sonntags bleiben die Kühe im Stall und werden dort gefüttert und getränkt. Dann hat Johanna frei. Sie freut sich schon auf den Winter, wenn die Kühe daheim bleiben und Heu bekommen. Dann braucht sie mehrere Monate nicht auf die Weide zu gehen.

Klaras Briefe aus der Heilstätte treffen wöchentlich ein. Sie berichtet vom Leben dort, von dem guten Essen, das sie kaum hinunterbringt, von den Liegekuren, die ihr guttun, und von den kleinen Spaziergängen am Müritzsee. Von Besserung oder Heilung schreibt sie nichts.

Irgendwann an einem Herbstabend bekommt Katharina stechende Schmerzen im Brustkorb. Sie geht früh zu Bett, da lassen die Schmerzen nach. Sie treten in der Folgezeit aber häufiger auf. Schließlich geht Katharina zum Arzt. Der horcht ihr Herz und ihre Lunge ab, kann aber nichts Beunruhigendes feststellen.

»Ich vermute, junge Frau, Sie sind überarbeitet. Schonen Sie sich etwas!« sagt er zu ihr.

»Was hat der Arzt denn herausgefunden?« erkundigt sich Christian, als Katharina von Lübz, wo der Arzt wohnt, zurückkehrt.

»Nichts Besonderes. Ich soll mich schonen!« gibt Katharina dem Schwager zur Antwort. Dabei wäre es wirklich höchste Zeit dafür, treibt Katharina doch Raubbau mit ihrem Körper. Die stechenden Herzschmerzen treten häufiger und in kürzeren Abständen auf. Nächste Woche, so nimmt Katharina sich vor, wird sie noch einmal zum Arzt gehen und ihn bitten, sie gründlicher zu untersuchen.

Christian merkt nicht, welch ein umfangreiches Tagewerk die Schwägerin bewältigt. Er ist selbst so sehr damit beschäftigt, die tückischen Quecken zu roden, die vielen dicken Kieselsteine von den Äckern zu schaffen, die Feldwege auf seinem Anwesen zu befestigen, Zäune für verschiedene Weiden zu ziehen, die noch eingerichtet werden sollen, daß er auf Katharina wenig achtet.

Eines Morgens – Johanna ist in der Schule, Christian auf dem Feld – geht Katharina auf den Hof. Heinrich und Hänschen bleiben in der warmen Küche. Die Tante bleibt lange aus, was die Kinder zwar nicht gewöhnt sind, sie aber auch nicht beunruhigt. Zwei Stunden später kommt Christian vom Feld nach Hause. Da findet er Katharina am Boden liegend. Er stürzt zu ihr und stellt entsetzt fest, daß sie nicht mehr lebt.

»Tante« und Großmutter

Katharina hat neben dem auf einer kleinen Kuppe liegenden, trutzigen Kirchlein von Diestelow ihre letzte Ruhestätte gefunden. Klara durfte zur Beerdigung die Heilstätte nicht verlassen, auch von den fernen Verwandten konnte niemand anreisen. Nur eine Handvoll Nachbarn geleiteten die Verstorbene zum Grab.

Christian ist ratlos. Er steht nun mit drei kleinen Kindern und einem bäuerlichen Anwesen allein da.

Klara schreibt ihm einen langen Brief. Sie habe, so heißt es darin, an Mimmi telegraphiert. Mimmi ist zur Zeit wieder Pflegerin in einem Kinderheim. Die könne sich freimachen und einige Wochen lang kommen, um die Kinder zu versorgen. Vielleicht könne später auch Großmutter Johannette für ein paar Wochen zu Hilfe eilen. Und dann ... Dann sei sie sicherlich wieder auf dem Damm und könne selbst den Haushalt übernehmen. Außerdem müsse Christian dringend eine Stallmagd einstellen, denn Mimmi könne zweifellos keine Stallarbeiten verrichten, da sie ja aus der Stadt komme und landwirtschaftliche Arbeiten nicht gewöhnt sei.

Kurz vor Mimmis Ankunft tritt eine junge Magd den Dienst im Haus an. Sie stammt aus Rußland, spricht aber fließend deutsch, da sie schon als kleines Mädchen nach Deutschland gekommen ist. Ihre Eltern waren seinerzeit vor den Revolutionstruppen nach Deutschland geflüchtet. Als sie aus zwingenden Gründen nach Rußland zurückkehren mußten, ließen sie ihre kleine Maria bei freundlichen Leuten in Deutschland zurück.

»Unsere Zukunft in Rußland ist ungewiß«, sagten sie damals. »Wir würden unser Kind gerne bei guten Leuten zur Pflege zurücklassen. Wann wir es wieder abholen können, wissen wir nicht.«

Die kleine Maria wurde niemals wieder abgeholt. Nach der Schulentlassung verdingte sie sich als Magd und kam so auf Christians Hof.

Nach einigen Tagen trifft Mimmi ein. Sie bringt Haus und Garten in Ordnung und versorgt die Kinder. Nach kurzer Zeit macht sie Christian darauf aufmerksam, daß er die Arbeitsbelastung, die er sich selbst auferlegt, nicht mehr lange durchhalten wird.

»Du mußt einen Knecht einstellen, Christian«, redet sie ernstlich auf ihn ein. »Wenn du so weitermachst, hast du deine Gesundheit in wenigen Jahren ruiniert. Und wem soll das nützen, wenn du dann krank bist?«

Nach einigen Wochen muß Mimmi wieder abreisen. Ihre Urlaubszeit ist herum. Zwar erhält sie zur Bestreitung ihres Lebensunterhaltes eine Kriegerwitwenrente, aber damit ist schlecht auszukommen. So arbeitet sie in einem Waisenhaus als Kinderpflegerin.

Christian bittet seine Mutter Johannette um Hilfe, die bei ihrer Tochter in Bad Wildungen lebt und dort als Zugehfrau arbeitet. Es dauert eine Weile, bis sie anreisen kann.

Großmutter Johannette gibt sich alle Mühe, die Kinder zu versorgen und dem Haushalt vorzustehen. Aber sie ist den Umgang mit kleinen Kindern nicht mehr gewöhnt. Nicht, daß sie ihre Enkel nicht gemocht hätte! Nein, es macht sie einfach müde, ständig auf die munteren Kleinen aufpassen zu müssen. Sie gehört schließlich nicht mehr zu den jüngsten.

Klaras Gesundheitszustand hat sich immer noch nicht gebessert. Sie hat ständig Luftnot, ist kurzatmig geworden und muß schon nach wenigen Schritten wieder verschnaufen. Selbst das Handarbeiten ermüdet sie so, daß sie es schließlich sein läßt.

Einige der Frauen, die sich in der Zeit des Heilstättenaufenthaltes zu einer Gruppe zusammengeschlossen haben, sind inzwischen nach Hause zurückgekehrt. Sie gelten als geheilt. Klara wird auch nach Hause zurückkehren. Aber nicht als Geheilte, sondern als eine, die daheim sterben wird. Klara weiß es schon lange – und ist ruhig geworden.

Eine ihrer Freundinnen aus der Heilstätte fragt sie kurz vor der Abreise: »Liebe Klara, du hast hier oft über dein Leben und über deinen Glauben an Gott gesprochen. Was hat dieser Glaube an Gott dir denn gebracht? Gott hat dich nicht vor der Krankheit bewahrt. Er hat auch dein Kind nicht behütet. Und nun mußt du selbst wahrscheinlich früh sterben. Wozu ist denn solch ein Gott überhaupt nütze? Kannst du nicht auf einen solchen Gott verzichten?«

Klara überlegt, dann antwortet sie bedächtig: »Es stimmt alles, was du sagst. Gott hat mich nicht vor der Krankheit bewahrt und auch meine kleine Lydia früh wieder zu sich genommen. Aber auf ihn verzichten, das könnte ich nie.«

»Das verstehe ich nicht.«

»Ich habe von Gott ein wunderschönes Leben geschenkt bekommen. Ich hatte liebe Eltern und nach dem Tod meiner richtigen Mutter eine wunderbare Frau als Stiefmutter. Ich hatte liebe Geschwister, darunter eine herzensgute Schwester, die eigentlich meine Stiefschwester war. Sie war ein Geschenk. Mein Mann hat mich herzlich geliebt. Auch er war ein Geschenk.«

»Du redest so anders darüber als andere Leute. Aber du bist

doch zum Sterben viel zu jung, Klara, du bist doch erst zweiunddreißig!«

»Weißt du, ich habe einmal eine Geschichte gelesen. Da war ein Gastmahl. Einer der Teilnehmer ging früher weg als die anderen. Er fragte nachher, was es denn auf dem Gastmahl noch gegeben hätte. Er sei doch nicht bis zum Schluß dageblieben. Und da sagten die anderen: ›Ach, es gab noch dies und das, aber eigentlich nichts anderes als vorher.‹ Siehst du, und das denke ich auch. Im Leben ist es genauso. Wenn ich jetzt früher gehe, dann versäume ich vielleicht noch dies und das. Aber was jetzt noch käme, das würde sich doch von dem, was ich schon kenne, nicht sehr unterscheiden.«

»Das ist so ein Trost, den man sich selbst zuspricht.«

»Ich habe eine unbeschwerte Jugend gehabt, ich habe die Liebe kennengelernt, ich habe Kinder haben dürfen, ist das denn nichts?«

»Klara, aber jetzt mußt du bald sterben. Hast du denn keine Angst davor?«

»Doch. Das Sterben ist bitter. Ich hoffe, daß Gott es mir nicht zu schwer macht. Aber ich weiß auch, daß mein Leben mit dem Sterben nicht zu Ende ist. Ich weiß, daß ich die Ewigkeit bei Gott verbringen werde. Und das ist etwas, worauf ich mich freuen kann.«

»Klara, wenn ich deinen Glauben hätte!«

Christian holt seine Frau kurze Zeit darauf nach Hause. Klara ist jetzt sehr abgemagert. Sie kann kaum noch selbst laufen. Christian muß sie aus dem Haus in ein Auto und dann vom Auto in den Zug, zuletzt vom Zug auf den Pferdewagen tragen, der sie schließlich nach Diestelow bringt. Klara freut sich unbändig, ihre Kinder wiederzusehen.

»Wie schön«, jubelt sie, »daß ich euch, meine Lieben, noch einmal sehen darf.« Ganz besonders streichelt sie ihren Sohn Heini.

Johannette empfängt die Schwiegertochter weinend. Klara streichelt ihr die Wange und sagt: »Wie schön, daß ich meine letzten Wochen noch bei euch sein darf.«

Die Kinder laufen auf sie zu. Klara streichelt sie, aber sie erlaubt ihnen nicht, sie zu küssen. »Ein Küßchen darf ich euch nicht geben«, sagt sie. »Sonst könnt ihr auch krank werden. Ich streichle euch ganz lieb, dann ist das genauso gut wie ein Begrüßungskuß.«

Der Arzt hat Klara gewarnt, daß keines der Kinder in ihrem Schlafzimmer schlafen darf. Christian räumt das Kinderbett für Hänschen, das bisher im Elternschlafzimmer stand, in das leere Zimmer von Tante Katharina, in dem nun Großmutter Johannette schläft.

Eines Abends lehnt Klara sich in Christians Arm. Christian merkt, daß seine Frau etwas auf dem Herzen hat.

»Ich weiß nicht, wie ich es dir sagen soll, Christian«, beginnt Klara. »Bitte erschrick nicht!«

»Was ist denn, Klara? Ist dir nicht gut?«

»Mach dir um mich keine Gedanken, mein Christian. Ich weiß nicht, wie lange ich noch da bin. Deswegen muß ich etwas sagen.«

»Du machst mich neugierig.«

»Ich habe ja viel Zeit zum Nachdenken, weil ich nicht mehr viel arbeiten kann. Ich habe mich auf das Sterben vorbereitet. Ich habe Frieden mit Gott und mit allen Menschen. Und bei der Vorbereitung auf den Abschied von dir ist mir eine ganz merkwürdige Erkenntnis gekommen. Vor mir stirbt noch eins von unseren Kindern.«

»Klara, machst du dir da nicht etwas vor? Kann man so etwas denn überhaupt wissen?«

»Christian, ich bete viel und befasse mich häufig mit Gottes Wort. Und es war, als wenn Gott mich es wissen ließe, daß noch eins von den Kindern vor mir sterben wird.«

»Das ist mir unheimlich, Klara! Ich wage gar nicht zu fragen ... Weißt du auch, welches von den Kindern vor dir ... geht?«

»Nein, Christian, das ist mir nicht klar. Ich vermute aber, daß es unser kleiner Heinrich sein wird, denn er ist so schwächlich und anfällig für Krankheiten.«

»Klara, woher weißt du das nur?«

»Ich denke, Gott hat es mir gesagt, damit ich mich nicht so sehr erschrecke. Und ich sage es dir jetzt, damit auch du es schon weißt und nicht so schrecklich betroffen sein mußt, wenn es dann eintrifft, was ich dir gesagt habe.«

Der Knecht, der auf dem Hof arbeitet, ist mit einer Magd verheiratet.

»Bauer«, sagt er eines Tages zu Christian, »deine Frau ist schwer krank. Ich wüßte einen Weg, wie sie wieder gesund werden könnte.«

Christian horcht auf. »Meine Frau hat die galoppierende Schwindsucht«, gibt er zur Antwort. »Eine Heilung ist nach menschlichem Ermessen nicht möglich.«

»Doch«, widerspricht der Knecht. »Meine Frau kann die Bäuerin besprechen. Dann verschwindet die Krankheit.«

»Besprechen?« fragt Christian. »So etwas ist doch gar nicht denkbar.«

»Ihr könnt es ja ausprobieren.«

Christian ist überwältigt von dem Gedanken, daß seine Frau wieder gesund werden könnte.

»Eine Bedingung ist allerdings dabei«, sagt der Knecht. »Die Bäuerin muß geloben, nie mehr den Namen Gottes oder den Namen Jesus auszusprechen, nie mehr einen Gottesdienst zu besuchen und niemals mehr zu beten und ein Kirchenlied zu singen.«

»Was hat das zu bedeuten?« Christian ist unbehaglich zumute.

Der Knecht rückt nicht so recht mit der Sprache heraus. »Na ja, wenn Gott nicht hilft, dann muß eben der andere helfen.«

»Der andere?«

»Nun ja, der Arge. Der hilft auch, wenn man ihn bittet.«

Christian schreckt auf. »Du willst meine Frau im Namen des Teufels wieder gesund machen?«

»Ich wollte es ja bloß angeboten haben. Meine Frau bespricht viele Kranke. Alle werden sie geheilt. Und sie verlangt dafür kein Geld.«

»Nein«, sagt Christian. »So etwas will die Bäuerin bestimmt nicht.« Er wendet sich ab.

Abends erzählt er seiner Frau von dem Angebot der Frau ihres Knechts.

Klara sagt: »Auf keinen Fall werde ich mich besprechen lassen. Mein Leben ist in Gottes Hand. Da soll es bleiben. Dem Teufel will ich nichts zu verdanken haben.«

Der Waschtag

Großmutter Johannette hat den Waschkessel angeheizt und alle Wäschestücke zusammengesucht und gekocht. Sie will das schöne Frühlingswetter nutzen, um gleich die Wäsche zu bleichen. Maria, die junge Magd, hilft ihr beim Durchwaschen jedes einzelnen Stückes auf dem Waschbrett.

Heini und Hänschen, die beiden kleinen Jungen, spielen auf dem Hof neben dem Haus. Hänschen hat ein Holz gefunden, das ihn an ein Werkzeug erinnert. Der Zweijährige klopft damit auf Steine und auf die herumstehenden Geräte, als wollte er hämmern.

Großmutter Johannette und Maria haben die ausgespülte

Wäsche in einen großen geflochtenen Wäschekorb gelegt. Johannette alleine kann die schweren Wäschestücke nicht zur Bleiche tragen, Maria soll ihr helfen. Schnell lassen sie die noch kochend heiße Waschbrühe aus dem Kessel, der unten einen Hahn hat, in einen Waschzuber laufen. Die Brühe soll etwas abkühlen, damit anschließend die Wollsachen darin gewaschen werden können.

Als die Frauen mit dem Wäschekorb zur Bleiche gehen, läuft Hänschen durch die offen gebliebene Waschküchentür in den Raum. Neben dem Waschzuber steht ein Tisch. Auf den will der kleine Mann mit seinem Holz klopfen, reicht aber mit seinen kurzen Ärmchen nicht bis oben hin. Deshalb schiebt er sich einen Schemel neben den Waschzuber und klettert darauf. Da verliert er das Gleichgewicht und stürzt rückwärts in die kochend heiße Waschbrühe.

Gellende Schreie rufen Johannette und Maria von der Bleiche. Sie reißen das schreiende Kind aus der Lauge und ziehen ihm die Kleider vom Leib. Der Kleine wird dabei ohnmächtig. Da Christian mit dem Knecht auf dem Feld ist, läuft Maria zum Nachbarn Mahnke gegenüber. Bauer Mahnke ist daheim. Er setzt sich auf sein Pferd und jagt zum nächsten Arzt. Der kommt sofort.

Von den Schultern über den Rücken und das Gesäß bis herunter zu den Unterschenkeln, vom Bauchnabel bis zu den Knien hat sich die Haut abgelöst. Es gibt keine Rettung für Hänschen, das ohnmächtig auf seinem Bett liegt. Der Arzt teilt es Klara mit, die gefaßt am Bettchen ihres jüngsten Sohnes sitzt.

Maria hastet ins Feld und holt Christian und den Knecht nach Hause. Fassungslos steht der Vater an Hänschens Bett. Klara nickt ihm zu.

Der Knecht sagt: »Ich hole meine Frau. Wenn die den Jungen in Dreiteufelsnamen bespricht, dann wird er wieder gesund.«

»Niemals«, sagt Christian. »Lieber will ich mein Kind sterben lassen, als es dem Teufel zu weihen!«

»Es zwingt dich ja niemand, Bauer.« Der Knecht zuckt die Schultern.

Hänschen stirbt in der Nacht. Klara hält seine Hand und sagt: »Ich komme bald nach, mein Hänschen. Bald bin ich wieder bei dir.«

Während der Beerdigung vergießt sie keine Träne. Christian hat sie bis vor das Friedhofstor fahren müssen und dann bis zu dem kleinen Grab getragen, weil sie so schwach ist, daß sie nicht mehr laufen kann.

Abschied

Zwei Tage nach Hänschens Beerdigung ist auch Klaras Stunde gekommen.

»Ich gehe heim zum Herrn. Und ich habe keine Angst«, flüstert Klara Christian zu, der neben ihrem Lager sitzt und ihre Hand hält. Die drängende Luftnot der letzten Tage hat nachgelassen, ruhig liegt die Sterbende auf ihrem Bett.

»Bitte bringe mir die Kinder noch einmal an die Tür. Ich möchte sie zum letzen Mal sehen.«

Christian schärft den Kindern ein, ganz leise an die Tür zum Schlafzimmer der Mutter zu kommen. Klara winkt ihren Kindern zu, die wiederum der Mutter zuwinken. Dann schließt Christian die Tür und ermahnt die Kinder, nach draußen zu gehen und zu spielen, aber sich ganz leise zu verhalten.

»Ich habe einen Brief für dich vorbereitet, Christian«, sagt Klara zu ihrem Mann. »Er liegt in meinem Nachtkasten. Aber bitte lies ihn erst, wenn ich begraben bin.«

Christian schluckt. Er möchte sich so gern beherrschen und

nicht weinen. Der Abschied soll seiner Frau nicht schwerer werden, als er ihr ohnehin schon ist.

»Du warst ein zärtlicher Ehemann und ein guter Vater für die Kinder, Christian«, flüstert Klara. »Ich danke dir für vierzehn glückliche Jahre.«

»Ach Klara«, entgegnet Christian, »ich bin doch derjenige, der zu danken hat. Du warst immer eine liebevolle Frau und eine gute Mutter. Du hast mich immer gestützt und mich immer verstanden.«

Friedlich schläft sie ein. Ihre Atemzüge werden immer kürzer. Ohne die geringsten Anzeichen eines Todeskampfes endet Klaras Leben. Sie hat ein seliges Lächeln auf dem Gesicht.

Am Abend nach der Beerdigung öffnet Christian den Brief aus Klaras Nachtkasten. Er liest: »Mein lieber Christian! Für unsere beiden Kinder kann ich mir keine bessere Mutter vorstellen als Mimmi. Ich habe sie gebeten, nach meinem Tod die Kinder zu versorgen. Sie hat zugesagt.

Vielleicht findet ihr beide zusammen. Wenn es dir möglich ist, dann heirate sie. Ich weiß, welch eine wertvolle Frau sie ist. Und sie würde den Kindern eine gute Mutter werden …«

Die Vorgeschichte

Heinz-Lothar Worm

Schulzes Anna

Die Geschichte der Anna W.

128 Seiten. Geschenkband. Fester Einband
Bestell-Nr. 3-7655-1592-2

Stolz und voller Freude tritt die hübsche Tagelöhnerstochter Anna in den Dienst des mächtigen Dorfschulzen. Doch dort erlebt sie – die einfache Magd – Demütigungen und Erniedrigungen. Zu Unrecht gebrandmarkt als Diebin und Muttermörderin, wird sie schließlich aus der dörflichen Gemeinschaft ausgeschlossen und muß für sich und ihre kleine Tochter ums bloße Überleben kämpfen. Doch dann kommt es zur entscheidenden Wende in Annas Leben …
Die fast unglaublich klingende Geschichte der Anna W. hat sich vor rund hundert Jahren in einem kleinen hessischen Dorf tatsächlich so abgespielt. Nebenbei erfährt der Leser auch vieles über Arbeitsalltag und Brauchtum aus dem harten bäuerlichen Leben früherer Zeit.

Paula Köhler

Malzkaffee und Zwetschenhonig

120 Seiten. Fester Einband
Bestell-Nr. 3-7655-1573-6

Auch als Hörkassette in Geschenkbox erhältlich.
Spielzeit 230 Minuten
Bestell-Nr. 198 141

Hart und nicht sehr bequem war das Leben früher in dem kleinen oberhessischen Dörfchen, voller Entbehrungen. Und doch möchte Paula Köhler keine Stunde davon missen. Denn es ist trotz allem ein schönes Leben gewesen – mit seinen Dorffesten, mit der Spinnstube, dem vertrauten Miteinander in der dörflichen Gemeinschaft, die Geborgenheit vermittelte, in der man sich aufgehoben fühlte, mit der Freude über so bescheidene Dinge wie die Schulbrezel oder ein gutes Vesperbrot, dick mit Zwetschenhonig bestrichen.
Und deswegen beschließt die Bäuerin Paula Köhler, aus dieser Zeit zu erzählen. Für ihre Kinder und Enkel zunächst und dann auch für all die anderen, die es vielleicht verlernt haben, in der Hetze des Alltags einmal zurückzublicken.

BRUNNEN VERLAG GIESSEN